Lessing / Kozljanič: Untergang der Erde / Radikale Zivilisationskritik

Reihe Zivilisationskritik und Befreiungsdenken

Theodor Lessing:

Untergang der Erde am Geist der Machteliten. Die verfluchte Kultur der Maschine

* * *

Robert Josef Kozljanič:

100 Jahre radikale Zivilisationskritik und solidarische Lebensdemokratie

ALBVNEA VERLAG MVENCHEN

Titelbild: [„Der Maschinenmann“]
(Bild ohne Signatur)

Seldeneckstr. 18
D-81243 München
www.albunea.de
info@albunea.de

Herstellung: Books on Demand GmbH, Norderstedt

ISBN 978-3-937656-03-8 (Buch)
ISBN 978-3-937656-02-1 (E-Book)

INHALT

Theodor Lessing: Untergang der Erde am Geist der Machteliten

Theodor Lessing: Untergang der Erde am Geist der Machteliten

Die vorliegende kleine Schrift – aus einem im Herbste 1914 zu Hannover gehaltenen akademischen Vortrage hervorgegangen – ist aus jener Stimmung von Schmerz, Scham und tiefem Menschenekel geboren, die eine ganz kleine Schar Einsamer und Unzeitgemäßer aus allen Ländern Europas zur Notbruderschaft zusammenschmiedete, in dem selben Augenblick, wo Europas Menschen, – allen voran die ‚führenden Geister' –, am großen Flammenrausch des Vaterlandes zu Verzückungen politischen Machtwillens entbrannten. (Winter 1914)

I. Die Bevölkerungsfrage

Schätzen wir die Anzahl aller Menschen auf Erden auf 1600 Millionen,[1] so leben davon 900 Millionen, also mehr als die Hälfte, in Asien, obwohl das kleine Europa etwa fünf Mal so dicht bevölkert ist, wie das weit geräumigere Morgenland. Mit einem nicht allzu kühnen Bilde könnte man sagen, daß unser Weltteil zu Asien sich verhalte, wie das Gehirn zum übrigen Leibe. Und wie das Gehirn droben im Haupte frei leicht und selbstherrlich die ganze schwere Körpermasse zu lenken berufen ist, so scheint dieses kleine vorgeschobene Inselchen Europa, das an dem ungeheuren Rumpfe der alten Erde, ein winziges Köpfchen auf massigem Körper, befestigt liegt, dennoch befugt, die Herrschaft über alle Menschenwelt anzutreten. Nicht nur Wissen und Können, Komfort, Zivilisation, Maschinenwesen, sondern im weitesten Sinn alles das, was man mit dem zweifelhaften Worte Kultur bezeichnet, scheint nur dem europäischen Menschen, dessen Sprosse ja auch der amerikanische und australische Mensch ist, scheint nur dem weißhäutigen Menschen von mittelländischer Rasse eigentümlich zu sein. Dieser „kaukasische Mensch" steht seit dreihundert Jahren im Begriffe, die ganze Erde zu unterwerfen und hat seit hundert Jahren diese Vorherrschaft der ganzen Erde fühlbar gemacht. Im Jahre 1800 gab es auf Erden etwa 900 Millionen Menschen, von denen 175 Millionen europäischer Abkunft waren. Gegenwärtig, 1914, gibt es etwa 1600 Millionen, von denen etwa 520 Millionen europäischen Blutes sind. Dieses besagt, daß das Menschengeschlecht innerhalb eines Jahrhunderts beinahe sich verdoppelt hat, daß aber diese Verdoppelung im wesentlichen nur auf Rechnung der europäischen Völker zu setzen ist. Denn während vor hundert Jahren etwa ein Sechstel der Menschheit europäisch war, ist es heute mehr als ein Drittel.

[1] [Anfang 2014 lag die Weltbevölkerung bei ca. 7,2 Milliarden Menschen, Anm. R. J. K.]

Hier nun bleibe dahingestellt, welche Folgen dies Bevölkerungsgesetz für die Zukunft der Erdbewohner haben mag. Da die Erde 135 Millionen Quadratkilometer Flächenraum darbietet, so würde, wenn die Vermehrung der europäischen Menschen in künftigen Jahrhunderten genau so weiterginge, wie sie im letzten Jahrhundert vor sich gegangen ist, in etwa tausend Jahren auf jeden Quadratmeter Erdbodens ein europäischer Mensch zu sitzen kommen. – (Nähme man die nichteuropäischen Menschen hinzu, so säße auf jedem Quadratzentimeter Bodens ein sogenannter Mensch.) –

II. Kampf um die Macht

Die nationalen Ideale europäischer Völker und Herrscher, in deren grauenhaftem Machtkampfe Europas zartere Geistigkeit verbluten wird, müssen künftig diese Massengewalt und Massenvermehrung begünstigen. Denn nur dasjenige Volk kann Sieger bleiben, welches die meisten Söhne in die Welt setzt, die meisten Kolonien begründet und mit seiner Sprache, seinen Landessitten, seiner Menschenart den größten Teil der Erdoberfläche an sich reißt und übermächtigt; kraft seiner Kraft und kraft jener Macht- oder Erfolgsentscheide, die jenseits der ideellen Probleme des Wertes verharren. – Dem Philosophen, der als auswertender Geist keine politischen Ideale zu verfechten hat, ja den Begriff *politisches* Ideal als so sinnlos-widerspruchsvoll empfindet, wie den verwandten Begriff einer ‚normativen Staatsgewalt', möge man zu gute halten, daß er Zeitalter erhofft, wo Gewissen und Seele des Einzelnen nicht als ‚Kanonenfutter für des Machtwahns abstrakte Illusionen', oder, wie man gegenwärtig sagt, als ‚Menschenmaterial für das Reichsgeschäft' in die Welt wissenden Schmerzes hineingeboren wird. So sei auch dies dahingestellt, ob wirklich die Vorherrschaft dessen, was wir Europäer Kultur nennen und mit edlen Worten als „Ideal" und „sittliche Aufgabe" der Staaten zu schildern lieben, ob sie wirklich das Ziel, sei es das natürliche, sei es das vernunftgebotene Ziel der Geschichte ist. Gleicht Europa dem Gehirn, das große Asien dem schweren unbewegten Leibe der Erde, dann scheint im Augenblick (Dezember 1914) das Apostelwort zu gelten: ‚Ihr seid das Salz der Erde. Wo nun das Salz dumm wird, womit soll man salzen? Es ist zu nichts hinfort nütze, denn, daß man es hinaus schütte und lasse es die Leute zertreten.'

Ein Weltbrand ist entfacht! Die großen wie die kleinen Staaten Europas entpuppen sich als ebenso viele machtwillige Bestien, deren jede hinter den Wandelbildern Kultur und Idee versteckt, ein möglichst großes Stück Erdoberfläche an sich reißen und erraffen will, deren jede immer den *anderen* als den Störenfried, den Menschheitsfeind empfindet und vor der großen Fabelerzählerin Geschichte anzuschwärzen versucht. Ausgehungerten, blind rasenden Wölfen gleich, jeder vor jedem bangend, haben sie sich so in einander festgebissen, daß erst die Erschöpfung *aller* oder jener Zufall, den wir von nachhinein ‚historisches Fatum' nennen, dem Verbrechen des Menschen am Menschen, dem Mißbrauch des Menschen durch den Menschen das Ende bereiten wird.

Wahrlich, ein Weltbrand ist entfacht, der nicht etwa Jahre, auch nicht Jahrzehnte, der ein ganzes Jahrhundert schwälen und fortlodern muß, als ob nur auf Trümmern Europas schließlich erblühen könnte jenes Traumland der Bruderliebe, davon Buddha sagt: ‚Wer ist der Feind? Wer der Bruder? âtman ist nicht in Mir und nicht in Euch, sondern Wir in Ihm.' – Der Historiker aber, der den praktischen, wirklichen Menschen kennt und seine sogenannte Weltgeschichte, ach! er kennt auch des Menschen Unheilbarkeit und Unlenkbarkeit durch jede andere Gewalt als durch die der nackten Not und brutalen Notwendigkeit. Er blickt in Europas Zukunft, wie Johannes auf Patmos in das Dämmern apokalyptischer Gräuel. Asiens Stern sieht er im Steigen. Und schon aus naher Gegenwart könnte statt der geträumten Gehirnkultur Europas ein Wiedererwachen Asiens hervorblühn, als Wiedererwachen dunkel instinktiver, unergründlicher, elementarer Kräfte der Seele. Weil wir aber auf solche Wandlungen Europas gefaßt sein müssen, so müssen wir Asiens Seele kennen; anders und besser, als sie bis heute in Europa gekannt wird. Und dazu tut not, daß wir den Glauben ablegen, unsre europäischen Lebensformen seien die einzig möglichen, unsre Kultur sei *die* Kultur, unsre Religion *die* Religion und unsre Berufung auf Erden sei es, 900 Millionen Menschen, die vollkommen anders und viel lebensnäher denken und fühlen als wir, zu unsrer Logik, unsrer Politik, unsrer Wissenschaft und angebeteten Kunst zu erziehen.

III. Der Mensch in Asien

Wir treten in eine Welt, wo wir den Europäer vergessen und uns daran erinnern müssen, daß das schöpferische Leben andere Fragen birgt, als Fragen nach Völkerwachstum und Politik, andere Werte als die der Tüchtigkeit, der Leistung, des Wissens oder Könnens. Um die Geisteswelt des Morgenlandes mit dem Gefühle zu begreifen, müssen wir festhalten, daß alle Mystik, auch die der christlichen Kirche, ihre Wurzeln in dunkle Muttergründe Asiens senkt. Wenn wir im Stolz auf gesunde Nüchternheit wissender Verstandesfeinung den europäischen Menschen für der Erde Lichtbringer halten, so liegt im Glauben asiatischer Menschheit die Sache umgekehrt. Das Wort Europa kommt von dem assyrischen Irib oder Ereb und ist dasselbe Wort, welches im Griechischen der Nachtwelt, dem Erebos seinen Namen gegeben hat. Nach Meinung der asiatischen Völker heißen wir die Finsteren; unser Erdteil der finstere Erdteil. Die höheren Bewußtseinskräfte des immer geselligen, immer zwischenmenschlichen Verstandes sind der Notausgang langer Dunkelheiten. Wir waren im Gegensatz zu jenen inmitten farbiger Lichtnatur lebenden Menschen der tropischen Sonnenländer seit Jahrhunderten in Rauch und Ruß, hinter Mauern und Steinen eingekäfigt. Hunderttausende sahen das dunkle Jahr entlang keine Wiese, keinen Berg, keinen Wald. Die Kälte, Nässe, Feuchte des Klimas, das unbeständige, ungesunde, unwirtliche Wetter der sogenannt gemäßigten Zone hat unser Innenleben gestaltet, hat es geweckt und wach gemacht, so wie das Tier wach und erfinderisch wird, wenn man es den Gefahren der *Not* preisgibt. Dagegen scheint es, als ob jene Kinder einer geneigteren Natur noch im engeren Zusammenhang mit Tier und Pflanze, Wolke und Wind verblieben sind und nicht gleich uns, kritisch-orientierend der Welt *gegenüber*stehn. Die elementarisch-miterlebende Erfassung der Gegenwelt durch Form und Gestalt, d. h. durch Mitahmen ihrer *Lebensbewegungen*, ursprünglicher als alles ethische oder logische *Beurteilen*, läßt den Menschen unmittelbarer das Wesen seiner Umwelt als sein *eigenstes* Leben verspüren, gleich wie einem Kinde die Welt, welche es wahrnimmt, nur ein Stück seines *eigenen* Lebens ist, oder das eigene Leben, ungesondert, unentfremdet noch in die Welt seiner Wahrnehmungen hineinfließt. Wir aber schritten abseits von Natur, da sie feindlich uns gegenübertrat, und wurden sekundäre Menschen in dem gleichen Sinne, in welchem Bewußtsein und Denken sekundär gegenüber den *vor*bewußten Erlebnissen sind. Ja oft scheint es, als ob die Menschen Asiens reichere Empfindungsweisen besäßen, Sinne, die durch einseitige Ausbildung denkend beurteilenden Intellektes allmählich entbehrlich geworden sind. Der weißhäutige Mensch wird in den Sprachen Indiens und Persiens der blasse oder abgeblaßte genannt, grad als wenn die braunen, schwarzen, gelben (Tagmenschen nennt sie die Anthropologie) ein *ursprünglicherer* Menschenschlag seien. Jener hat unter den glühenden Strahlen der Tropensonne Leben und Seele empfangen, dieser erhielt vom Vegetiren hinter steinerner Häuser Schranken: Geist und Bewußtheit. Wir, die blonden und blassen Völker, in sonnenarmen Ländern aus Frost und Nebel geboren, sind das *Bewußtsein der Erde*. Das ist unsere Tugend! Denn nur Not des herberen Kampfes hat aus überschwänglichem Erleben aller Lebensfülle Zucht und Berechnung, Vernunft und haushälterische Fürsorge hervorgepeitscht. Bemerken wir doch ähnlichen Unterschied innerhalb Europas zwischen den romanischen Völkern des Südens und uns germanischen Nordländern. Der südeuropäische Mensch, sinnenfroher, leichtlebiger, heißblütiger, mehr in Augenblick und Gegenwart lebendig, steht dem Mutterhause Asiens immer noch nah. Darum haben die besten Kenner Griechenlands, haben Hölderlin, Hamerling, Burkhardt, Nietzsche, die mächtige verhaltene Leidenschaft antiker Kunst aus ihrem asiatischen Ursprunge erklärt, während der rational bändigende, zielstrebige Geist der Ordnung, Apollons Mitgift, Europas eigenstes Wesen verkörpere. Aber unsre Tugend, ordnender Geist, ist zugleich auch Grenze; so wie Krankheit zwar eine Lebensstörung, aber zugleich das Mittel zur Überwindung dieser Lebensstörung ist. Wir haben uns aus dem Leben herausgegrübelt, die Nabelschnur zerreißend, die uns mit umfassenderen Gewalten jenseit von Bewußtseinswirklichkeit zusammenband. Asiens Völker dagegen wurzeln in unausmeßlichem Leben. Daher besitzen sie Fähigkeiten, die den europäischen Menschen so unbegreiflich anmuten, wie manche Sinne der Tiere, etwa wie die Fähigkeit der Schmetterlinge über viele Meilen hinweg sich durch Düfte zu verständigen oder wie die merkwürdige Gabe der Zugvögel, über Meere und Erdteile hin im Raume sich zurechtzufinden, dieselbe Palme in Ägypten, dieselbe Eiche im hannoverschen Land immer wieder aufsuchend, über tausende Meilen hin. – Die Geheimwissenschaften (Theurgie, Theosophie, Occultismus) entwickeln manche vitale Möglichkeiten der Seele, vor denen unsre große Gehirnkultur als vor unfaßbaren Rätseln steht. Samnyasi, Gosain, Soufi, Mahadma Indiens, sowie die Jünger der Yoggaphilosophie besitzen die Gabe, Herzschlag und Puls, Atem und Eingeweide vollkommen der Willkür menschlichen Willens zu unterstellen. Tage- ja wochenlang lassen sie sich lebendig eingraben, monatelang leben sie von einer Handvoll Reis oder Datteln, ja von ein paar Tropfen Wassers. Ihre Selbstbeherrschung im Ertragen freiwilliger Martern, ihre Verachtung des Lebens, Leidensfähigkeit und Todesbereitschaft übersteigt unsre europäischen Begriffe. Büßertaten und Selbstkasteiungen, die uns als Wahnsinn ansprechen und nur aus Krankheit und geistiger Umnachtung des Ich erklärlich scheinen, gehören in Asien zu täglichen Bußübungen. Taten der Selbstaufopferung, die in Europa kaum geglaubt werden, sind in China und Japan gewöhnliche Erscheinungen. Alles in allem lebt der Mensch Asiens in anderem Naturzusammenhange, näher der Scholle und Kräften der Scholle, einfältiger, sicherer, ja aus innerster Verwandtschaft wissender über *vor*bewußte Quellen, die das Leben lenken, wissender als wir mit unsrer Natur ökonomisierenden Wissenschaft und der stolzen Logik des Bewußtseins. Wohl denken wir über das Metaphysische, aber leben weniger Metaphysik, vielmehr ist das profane Europa eine einzige Selbstbezüglichkeit des Menschen. Hier wurde der Mensch Krone und Ziel alles Lebendigen. Des zum Zeichen pflanzte er, wohin er kommt, naturverachtend und naturübermächtigend, das Kreuz und das Anbild des aus Leiden vergeistigten Menschensohnes auf die Trümmer lebendiger Schöpfung.

IV. Die Hauptgeistesmächte Asiens

Es wäre jedoch eine falsche Verallgemeinerung, wenn wir die Geisteswelt Asiens als Einheit auffassen und schlechtweg der sogenannt europäischen Kultur entgegenstellen wollten.

Innerhalb Asiens sind wiederum verschiedene Kräfte, ungleiche Ideale am Werk. Der Brahmanismus mit 220 Millionen Anhängern; der Buddhismus mit 420 Millionen, der Ahnenkult des Shintoismus (sicherlich an 20 Millionen Anhänger zählend), diese eigentliche Religion Japans, welches Land der kluge Kopf Asiens ist, wie Indien sein großes mütterliches Herz; endlich der Islam mit 240 Millionen.

Betrachten wir das Wesen dieser vier größten asiatischen Geistesmächte.

1. Der sogenannte Brahmanismus – (bráhman, [Mana] ist das indische Wort für *Sein*, welches weder mit unserm Begriff *Da*sein, noch mit dem Begriffe Leben [átman] übereinkommt) – ist der ungeheuerste Naturkult, die gewaltigste Lebensreligion, die die Erde kennt. Eine Religion, vollkommen ohne Gottesbegriff und ohne Ethik, denn dort wo *alles* Lebendige als göttlich und gotterfüllt verehrt wird und das Leben in allen seinen Entäußerungen Gegenstand der Andacht ist, da gibt es keine sittlichen Wertleitern und logischen Rangstufen.

Unser deutsches Wort Gott kommt von Gut! – Gott, so nennen wir das Gute; und darin zeigt sich, daß christliche Religiosität eine sittliche Religiosität ist, oder, wie ich besser sagen könnte, eine Wertreligiosität!, das heißt eine Gläubigkeit, welche Normen und Ideale für *Menschen* aufstellt und über das Leben sittliche Urteile, das heißt, Schätzungen und Auswertungen, abzugeben trachtet. Aber neben und im Gegensatz zu allen *Wert*religionen stehen Naturreligionen, welche nicht über das Leben normierend urteilen, sondern mit dem Leben *Eines* sind in einem tieferen Sinn, als die immer ethische und das heißt auch immer zwiespältige (dualistische) Religiosität europäischer Menschen.

Die Welt der Vielheit ist nur „Schleier der Maja." Hinter dem Bewußtseinsschleier ist alles *Eines*. Mensch kann zu Tier, Tier zu Mensch werden. Pflanze und Tier, Wind und Woge sind dem Morgenländer Schwester und Bruder. Als Gegenstand der Furcht und Ehrfurcht erfüllt ihn die unendliche Fruchtbarkeit des Lebens, die in allen nur möglichen, ewig wandelbar dahinfließenden und vor keiner Phantastik zurückschreckenden Formen und Gestalten verehrt und angebetet wird, in Affe und Schlange, Mangobaum und Dattelpalme, Lingam und Lotos, Fratze und Säule; am liebsten in ungeheuerlichen Götterbildern, die tausend Arme, tausend Köpfe, tausend Brüste haben, trächtig von Leben, strotzend von zeugenden Kräften des Lebens, so wie der Dschungel oder Urwald, der nahe den Tempeln solcher Götter liegt. Das sind fratzenhaft wüste Götter, die kein geringerer als Goethe mißverstand, weil er mit sittlich aesthetischem Maße Europas ihnen ebenso wenig nahen durfte, als einem Urwald von Menschenleibern, den der opale Pinsel des großen Rubens auf die Leinwand schmettert. Auch die Verehrung Kamas, – vermutlich Ursprung des Dionysosdienstes in Hellas –, Indiens Freudenkult und die Hingabe des Weibes aus religiösen Weihen, erklärt sich aus dieser Anbetung der ewigen lebendigen Fruchtbarkeit. Die Religion Brahmas kennt keinen sittlichen Imperativ, also keinen Dualismus. Eben darum (ich kann diesen Gedanken hier nicht begründend ausführen) bedarf sie jenes starren, ein für alle Mal beschlossenen Kastenwesens und Traditionalismus, welcher alle auswertende Einzelvernunft und ihr sittliches Pathos fraglos dahinlebenden Menschengeschlechtern vollkommen ersetzt.

Wenn man behauptet hat, daß Religion eine Angelegenheit der Einzelseele sei, Privatsache und allerpersönlichstes Leben, so gilt diese Behauptung streng genommen doch nur für die *Natur*tatsache Religion, für jene Allbeseelung, der aus

Busch und Baum das Bild lebendiger Fülle wiederstrahlt, jenes *All*erlebnis, welches Gefühl und Ahmung, den vorbewußten Muttergrund des Seelenlebens, zum Träger hat. Demgegenüber aber erzüchtet der Zusammenschluß der Menschen zur Gruppe, die Entstehung der Stadt, des Verkehrs, des Geldes, des Zwischenmenschlichen und Sozialen die Notwendigkeit eines Bruches in und mit der Natur, jenes *Wert*reich, welches wir Vernunft oder Sittlichkeit nennen. Erst das Gruppen- und Gemeinschaftsleben trägt über schnell dahinsterbenden Einzelwesen dieses Über- und Unpersönliche empor, das als Allgemeines und allen Gemeinsames die Einzelseele überdauert und verzehrt, den idealen Oberbau über allem Seelischen: den *Geist*. – Mit dem Geiste aber erblüht eine ganz andere Art von Religion, die universale Religion der sittlichen Bindung. Von diesem Wandel der Naturreligion und des mythischen Fühlens zu denkender und wertender *Beurteilung* der Welt zeugt die zweite der großen Geistesmächte Asiens, der Kultus Japans, dessen Staatswesen dem europäischen verwandt ist: der sogenannte Shintokult.

2. Shinto, auf deutsch etwa: Weg der Götter, ist die zur Staatenbildung günstigste, ich möchte sagen erzieherisch klügste Religiosität der Erde. Sie gründet auf Familiensinn und Gruppengefühlen. Nicht in der Natur, in Bäumen des Urwaldes, nicht in seltenen Tieren und Pflanzen, nicht in Gleichnissymbolen der schöpferischen Lebensfülle sucht sie den Gott, sondern, ohne Tempel und Pagode, im Menschengemüte, so innig-zart, daß des Christentums Sitte und Gewöhnung oft dagegen barbarisch anmuten. Sie weiht die Hütte des ärmsten Paria zum Tempel heiligen Gefühls. Da steht der kleine Hausaltar mit vielen Täfelchen und Papierstreifen, auf denen die Namen der Toten prangen, der Toten, welche nach dem Heimgang einen neuen Namen erhalten; da wird in silberner Kapsel die Nabelschnur verwahrt, die das Kind mit der Mutter verband; da verwahrt man Grabsteine der Ahnen, als das Heiligste, was das Gemüt kennt; und wir Europäer wissen nicht, was wir einem frommen Ostasiaten antun, wenn wir einen alten Stein umstürzen, den der Shintogläubige ebensowenig antasten darf, als der Chinese ein Stück bedruckten oder beschriebenen Papieres vernichten. –

3. Noch näher aber, ja am nächsten steht unserm europäischen Denken die *dritte* asiatische Geistesmacht, der Buddhismus, einem gereinigten Christentume so nahe verwandt, daß der Gedanke Wahrscheinlichkeit gewinnt, der in ihm den Mutterschoß des Christusglaubens sieht, ja mit annähernder Richtigkeit auch den Namen Christus vom indischen Krischna oder Schiwa herleitet. Denn die Kerngedanken Buddhas sind durchaus ethisch-dualistisch und der Buddhismus ist eine *Wert*religion, die zum Brahmanismus gemeinsam mit dem Christentum in Gegensatz steht.

Denn während der Brahmane alle Formen und Gestalten für den Ausdruck des einen Brahma, ihre Vielheit und Unterschiedlichkeit aber für bloße Bewußtseinstäuschung und „Schleier der Maja“ hält, setzt der Buddhist wie der Christ

Weltordnung und Weltziel zur Erklärung der Unterschiede ein und nennt die eine Lebensform *„besser"* als die andere. Inmitten des ewig-wandelbaren Flusses des Lebendigen baut somit der *Geist* stolz und still am Felsen des *Gesetzes*: Buddhas oder Christus' Anbild ruhig und wandellos erhöhend, inmitten des fruchtbar zeugenden Lebenselementes, welches der lebensnähere Brahmaglaube ausschließlich verherrlicht. Damit aber tritt der *menschliche Gedanke* aus dem Leben heraus, um zuletzt alles Leben in sich, als in sein „Nirvana" wieder zurückzuschlürfen und „im Geiste zur Erfüllung zu bringen."

Ich betrachte zwei Grundgedanken als das Wesentliche.

a) Zunächst den Gedanken des *Karma*. Jeder Lebenslauf wird vorbestimmt durch Blut und Same, vorbelastet durch Erbsünde und Erbschuld, vorentlastet durch Buße und Heiligkeit. Wir leben auf Erden Himmel und Höllen; ernten, was Vorgeschlechter in uns gesäet haben, säen, was Nachgeschlechter ernten müssen. Mag man das nun mit europäischer Naturwissenschaft an Hand Darwinischer Gesetze mit den Schlagworten Vererbung und Anpassung banaler und klarer machen; mag man die christlichen Mysterien tiefinnerer Gerechtigkeit oder geschichtlicher Nemesis oder mag man endlich die Aufforderung zu Askese und Heiligkeit darin suchen; Karma ist der Glaube, daß Natur (vom Menschen aus gesehen) ein Kleid ist, gewoben aus Tat. Gewesenes wirkt im Lebenden und Alles lebt in allen. Nicht wie der Brahmane glaubt unterschiedlos im ewigen Formenwechsel, sondern nach Gesetzen der *Zucht*, die dem Leben einen ‚Sinn' geben. Also nicht ein kosmisches Allgefühl (wie im Brahm), sondern ein *Sittliches* wirkt in den Gläubigen Buddhas. –

b) Buddhas zweiter Kerngedanke ist der von der *Wiedergeburt*, nach Gezeiten äonenlanger Zwischenruhe in immer neuen Formen. Auch dieser Gedanke der Wiedergeburt ordnet sich dem sittlichen Ideale zu, da wir ja selber in der Hand haben, zu bestimmen, als was wir wiedergeboren werden. Wer sich über die gemeine Ordnung der Seelen hinauserzog, dem bleibt Natur die Wandlung in eine höhere Ordnung der Wesen schuldig; wer seine geistigen Keime vertrocknen oder verschütten läßt, dessen Los ist Versinken in das niedere Reich der elementarischen Kräfte; er mag als Blatt oder Blume, Käfer oder Kiesel weitervegetieren; ewiges Vergessen ist sein Teil, und seine Wiedergeburt als *geistiges* Wesen zu *geistigem* Werk ist auf so lange versperrt, bis auch sein Leben sich neu emporgearbeitet hat aus allverschlungenen Ketten pflanzlich-tierischer Existenzformen zu Gedanke und wertendem Geist. In ihren erhabensten Gebilden ist diese *Geistes*religion Asiens so tiefsinnig, daß Schopenhauer vollkommen recht hat, von ihr weit eher noch als vom Brahmanismus zu sagen, daß es platte Geschmacklosigkeit sei, wenn wir Europäer christliche Missionen nach Indien schicken, um Brahmanen und Buddhisten zum Glauben an den dreieinigen Gott zu bekehren; sinnvoller scheine ihm, daß der Kaiser von Siam Missionare nach Europa sende, um Europa zum Buddhismus zu bekehren. –

4. Noch eine vierte große Geistesmacht Asiens gilt es zu begreifen, den semitischen Islam. Daß die Türkei gegenwärtig in Deutschland ebenso mit einer Gloriole umstrahlt wird, wie sie vor wenigen Jahren noch zum Schreckgespenst europäischer Vorurteile diente, hat unser hier gänzlich unpolitisches Urteil nicht zu kümmern. Was – so fragen wir – ist das Wesentliche in der Geisteswelt Mahomets? Und die Antwort macht uns geneigt, die islamitische Geisteswelt nicht nur für uneuropäisch, sondern als im tiefsten *anti*-europäisch zu betrachten. Denkende Beobachter, die lange in Vorderasien lebten, stimmen darin überein, daß der Türke zu unsrer Art Gedanklichkeit, europäischem Geschäftsverkehr, Technik und Wissenschaft gerade vermöge seiner religiösen *Tugenden* verdorben sei. Seine Religiosität ist kontemplativ. Sie erfordert große stille Betrachtung des Lebens ohne die aktiven Zwecke und Ziele, die der europäische Mensch wie einen Zwangspanzer über das Leben wirft. Wir sehen ruhige patriarchalische Männer und blumenhafte, wie Kinder blühende Frauen auf den Kirchhöfen, den Grabsteinen ihrer Vorfahren, (der Stätte, die der Türke pflegt, wie wir unsre Laubengärten); – da sitzen sie in der Sonne, die Frau den Tee bereitend, der Mann die Wasserpfeife rauchend. Ihr Ziel? Die Meeresstille des Gemütes. Eine schmerzlose Gleichgültigkeit gegenüber dem Leben. Ihr fester Glaube: das Kismet, wonach der Mensch der Spielball übergeordneter Kräfte ist. Nicht wie das Karma der Inder ein Gedanke an Erbsünde und Erbentlastung, sondern ein Gedanke des logischen Optimismus: „Alles hängt mit allem zusammen. Es hat alles so kommen sollen, wie es kam.“

‚Du, der durchs Leben wird geschlagen wie ein Schlägelballen,
Du, der Du in die Lust des Weines und der Huri gefallen,
Du bist gefallen auf des Ewigen Geheiß,
Er ist es, der es weiß, der's weiß, der's weiß.'

V. Europa und der ‚Fortschritt'

„Bezahlten wir des Lebens Wissen mit dem Leben selbst,
Zu Hirn verblaßt? Sind wir ein Geisterreich?“

Die Geistesmächte Asiens, welche wir schilderten, zielen allesamt auf *ewiges Leben*: zeitlos-ruhend-unbedingt. Europas Wissenschaften und Religionen dagegen sind für Zeit und Wirklichkeit eingerichtet; das heißt, für die relative, begrenzte menschliche *Bewußtseinswelt!* Sie sollen, nach dem Wort eines europäischen Theologen „schon jetzt und hier dem bedrängten Menschenkinde zu einem würdigen Leben und fröhlichem Sterben behülflich sein.“

So kommt es denn, daß tiefer-denkende Asiaten, indem sie an Hochschulen und Universitäten Europas alle Hilfsmittel des „Komforts“ und der Lebensübermächtigung mit großer Gelehrigkeit und Nachahmungsgabe sich aneignen, dennoch zuweilen im Innern eine gewisse Mißachtung der europäischen „Kultur“ verspüren. Sie fühlen insgeheim heraus, daß alle unsere gewaltigen Systeme zuletzt nur Glückseligkeitslehren ihrer Autoren sind, die auf ‚befriedigende Weltanschauung' als auf die Norm menschlichen Grübelns und Erkennens hinschielen. Ihr Wert dient dem Leben, ihre Wahrheit der Wirklichkeit, und doch wissen wir gar nicht, ob das Leben mit dem *Wert*, die Wirklichkeit mit der *Wahrheit* notwendig in Harmonie stehen muß. Das ist vielleicht nur eine ‚monistische' Überzeugung, die der älteren Weisheit Asiens vollkommen fremd ist.[2]

– Ein seit hundert Jahren bei uns allverbreitetes, in Asien aber unbekanntes Schlagwort bemäntelt für Europas denkende, *nicht* denkende Intelligenzen die Blöße dieses Aberglaubens an Wissenschaft, nämlich das Schlagwort: *Fortschritt* oder *Entwicklung!* Wo immer es verwendet wird, da kommt ein gewisser anschaulicher Materialismus der Weltbetrachtung zum Ausdruck. In Deutschland verschuldete die große Wirkung Hegels (1807), in England der nicht minder mächtige Erfolg Darwins (1859), daß der Begriff „Entwicklung“ zum Kern des gesamten geistigen Lebens wurde. Die Natur wurde seit Darwin, die Geschichte seit Hegel mit einem höchst naiven Vertrauen so betrachtet, als seien Sinn, Wert, Fortschritt, Entwicklung nicht etwa nur sinngebende und logifizierende Ideen, nein! höchst gewisse, erfahrungsgemäße Tatsachen dieser höchst gewissen, erfahrungsgemäßen ‚Wirklichkeit'. Besonders im Englischen wird das Wort evolution, gleich als ob sich das von selbst verstünde, immer im Sinne von *melioration* gebraucht.

Was nun *besagt* Das ? – Wenn wir nicht irren, besagt es, daß eine Untermengung von Tatsache und Wert, Wirklichkeit und Idee eingetreten ist, aus der das europäische Denken nicht herausfindet.

Das bemerken wir mit schauderndem Entsetzen in diesem Augenblick! „Geschichtliche Notwendigkeit“ ist das Zauberwort des gegenwärtigen Europa geworden. Selbst das Sinnlose, Widersinnige, beginnt für Millionen als logisch sanktioniert und ethisch gerechtfertigt zu gelten, wofern es ihnen nur als ‚geschichtlich-notwendig', das heißt als *genetisch* begründet eingeredet wird. Und

---

[2] Unsere Literatur wimmelt von Büchern über die ‚Gelbe Gefahr' für Europa. – Man könnte sich versucht fühlen, vom Standpunkt Asiens aus auch ein Gegenbuch zu schreiben über die ‚Weiße Gefahr' für Asien. – Es ist eine ungeheuerliche Voreingenommenheit, wenn der kaukasische Mensch wähnt, seine Werte seien die schlechthin gültigen. Für den Zustand Europas und Amerikas, vor allem aber für den der germanischen und angelsächsischen Völker, als der selbstgerechtesten unter allen, dürfte kein Motto passender sein als der Spruch Goethes: „Großer Dünkel und allgemeine Begriffe sind immer auf dem Wege, das größte Unheil in der Welt anzurichten“.

gerade Europas denkende Seelen, deren ganze Lebensarbeit darin bestehen sollte, die Sphäre des wertenden Geistes von Vertrübungen durch bloß historische „Notwendigkeit" rein zu halten, huldigen diesem Historismus und kapitulieren mit einem Schlage vor ‚Geschichte' und ‚Notwendigkeit', wofern nur *ihre* Geschichte und *ihre* Notwendigkeit in Frage stehen.

Diese Preisgabe der philosophischen Einsicht und Würde an den Dienst der Wirklichkeit von Natur und Geschichte wird von nachhinein nicht nur als erzwungene Politik oder praktischer Sinn *entschuldigt*, nein! wird geradezu als Pflicht und Forderung, sittliche Opfertat und Begeisterung für das Ideal in den Himmel erhoben. Immer wieder wird historische Veränderung, (die doch zunächst nie etwas Anderes ist als Funktion der jeweiligen *Notstände*), so hingestellt, als ob sie schon eo ipso eine von der Vernunft zu billigende, vom Gewissen zu bestätigende *ideale Forderung* in sich schlösse, (besonders dann, wenn die geschichtlichen Veränderungen im Sinn der volkstümlichen Instinkte, der privaten Wünsche vor sich gehen). –

Ich will hier nun keineswegs *jeden* Begriff geschichtlichen Fortschritts anzweifeln, *jede* Form historischer Entwicklungen leugnen. Ich wünsche auch keineswegs zu bestreiten, daß die sogenannten ‚Errungenschaften' Europas: Dampfschiffe, Eisenbahnen, Telegraphen, Telephone, Luftschiffe, Dynamos, Automobile, Lenkballons; ferner: Parlamente, Konstitutionen, Zeitungen, Universitäten, Volksschulen in der Tat dem *ganzen* Menschengeschlechte Güter und Werte übermitteln. Aber es handelt sich hier nicht um wirtschaftlichen und politischen, überhaupt nicht um bloß *funktionellen* Wert, dessen Wert immer erst anhand einer reineren und unbedingteren Sphäre der Gültigkeit gemessen und bestimmt werden müßte. Denn alles Politische, Wirtschaftliche, Historische liegt diesseits der Sphäre reinen Wertes. Es wird in aller Ewigkeit, so lange als Menschen auf der Erde leben und was immer auch an diesen Menschen vor sich gehen mag, bloße Funktion ihrer Notstände, Notausgang ihrer Verhältnisse, derb gesagt, Index ihrer menschlichen Geschäfts- und Nützlichkeitserwägungen sein. Was aber ist der Nutzen alle dieses Nutzens, was der Wert alle dieser Werte? Im praktischen Leben regiert *Not!* Und was auch immer geschieht, Europas internationaler Demokratismus nicht minder, als der im Augenblick kurzsichtig und kurzatmig aufgeblühte Nationalismus der Völker, Monarchie wie Republik, Anarchie wie Sozialismus, alles muß Funktion der *Not* bleiben! Alles Gerede von Größe und Heldentum der Zeiten zerschellte immer wieder am ehernen Felsen der *Not!*

Wir verachten wahrlich jede Skeptik, jede Kritik gegenüber den einzig wichtigen, einzig das Leben lebenswert machenden großen Gewalten des Gemütes! Aber zu oft haben wir gesehen, daß Meinungen, Bekenntnisse, Überzeugungen ganzer Völker von heut auf morgen sich anpaßten an die sogenannte ‚praktische' oder ‚historische Notwendigkeit' (diese Notlüge aller Charakterlosigkeit, Dummheit, Unselbständigkeit und Eitelkeit der Menschen). Wir haben es erlebt, daß die Vertreter der Geldmacht, wie die der Waffenmacht von heute auf morgen sich in

‚Demokraten' wandelten, ja den radikalsten Sozialismus als Trumpf ausspielten, wofern damit für sie ‚bessere Geschäfte' zu gewärtigen waren. Wir haben nicht weniger oft erlebt, daß die unabhängigsten Anarchisten und Revolutionsmänner in Stadt und Land von heute auf morgen sich rückverwandelten zu Hütern von Thron und Altar, sobald nur *sie* hinter den Altären zu stehen, *sie* auf die Thronsitze zu gelangen eine Aussicht erhielten.

Hinter ‚politischer Geschichte' der Völker und Staaten je Höheres, Tieferes je zu suchen, als das „Mysterium des Fressens und Gefressenwerdens", das wäre eine unverzeihliche Unbesonnenheit und nicht erlaubte Primitivität für den, der durch das Studium der europäischen Geschichte hindurchging. Auch das höchste, echteste, gotterfüllteste Pathos, das aus dem Bestialen: Krieg und Revolution, etwas *Sittliches* zu gestalten vermag, könnte uns in dieser Skepsis niemals irremachen.[3]

Wo denn sind gegenwärtig, Herbst 1914, die Heroen europäischen Fortschritts? Wo Europas Sozialisten? die zur Wahrung des Zwischenvölkischen berufenen Denker und Dichter? die zu reinerer Menschlichkeit geborenen Frauen? Wo? – O getrost! Alle: Sozialisten, Frauen, Denker und Dichter, alle alle werden morgen oder übermorgen wieder die Märkte mit Fortschritt, Entwicklung, Sittlichkeit und Humanität versorgen, wenn keine Gefahr dabei besteht, beim Verkauf von Sittlichkeit, beim Handel mit Humanität erwischt und fusiliert zu werden. Dieser ‚Fortschritt' – Funktion des Selbsterhaltungs- und Selbstausheilungswillens – ist keine Besonderheit Europas! Er ist die unvermeidliche Lebenswaffe des Menschen, *jedes* Menschen, so weit er Vertreter seiner Lebensgruppe ist, sei es in Europa, sei es in Asien. –

Aber ein *anderer*, ungleich tieferer Gegensatz tut sich vor uns auf! Das Morgenland träumt und atmet in einer Substanz des Lebens, darin der Mensch und seine Bewußtseinswelt ein für alle Mal eingesenkt ruht: zeitlos und unbedingt! Wir dagegen, in Europa, denken auch das, was *hinter* der Welt steht, das ‚Metaphysische', als einen „historischen Prozeß" und somit eigentlich als *zeitlich*. Wir benennen es mit Worten wie Weltgeist, Weltwille, Weltbewußtsein, Energie. Immer aber mit Worten, die *Tätigkeit* und somit Wandel in sich schließen, als Spiegelbild unsrer eignen aktiven, immer arbeitenden, immer auf Ziele hinstrebenden Lebendigkeit. Selbst Schopenhauer und Spinoza, die beiden *beschaulichsten* Denker Europas, suchen im Weltwesen weniger ein zeitlos überwirkliches *Sein*, als zeitlich wirkendes *Lebendigsein*.

Nach alledem möchte es uns bedünken, als ob das Denken des Morgenlandes gleich einem liebenden Weibe vertraulich hingegeben der Natur sich ans Herze schmiege, während das Bewußtsein des Abendländers gespannt und kriegerisch ihr *gegenübersteht*, immer auf der Lauer, herauszufinden, wie die Natur *arbeitet*, wodurch er ‚*hinter* die Natur kommend', in den Stand gesetzt wird, sie nachzubil-

---

[3] Dieses wurde im Herbst 1914 gesagt.

den, ja sogar zu verbessern, was denn freilich aus aller bunten Lebendigkeit Europas zuletzt doch nur einen gespenstigen Golem hervorlockt: die *Maschine*, die wie das vergeistigte Gespenst des Lebendigen, wie ein Vampir nun das Leben in sich aufsaugt. Denn auch unsre bauende und neuschaffende Kunst ist wie die Synthese der Chemie eben ‚künstlich', auf mechanische Zerlegungen, atomisierende Zerstückelungen des Lebendigen vorangewiesen.

Darum begreifen wir nicht die schlichte Anbetung der schlichten großen Symbole von Geburt, Zeugung, Fruchtbarkeit, Leben und Tod. Und begreifen nicht, daß das Morgenland als seine größten Menschen solche verehrt, die durchaus gar nichts getan, geleistet, geschrieben und gemacht haben, sondern gleich Buddha und Laotse nur der Betrachtung des großen lebendigen Einen mit allen Sinnen nachlebten: unbewegt, heilig, wandellos, ohne Werk. Wir aber finden unsre Rechtfertigung, ja oft unsre Entschuldigung im *Wirken*. Gleichen wir nicht dem Vogel Strauß in der Wüste, welcher eigentlich von der Natur zum Vogel bestimmt ist, mit Flügeln, die ihn dazu befähigten, leicht und frei in Licht und blauem Äther zu leben? Er aber hat einen zu schweren, massigen Körper, und sobald er sich auf seinen Flügeln ein wenig erhebt, so zieht ihn alsbald der schwere und träge Leib wieder nieder zur gewohnten *Erde*. Da macht er denn aus der Not eine Tugend! Weil er nicht als höchster unter den Vögeln fliegen kann, so lernt er wenigstens als schnellstes unter den Erdgeschöpfen laufen. Und dann rühmt er sich vor allen Fliegenden: „Seht mich an, meine Erfahrung, meine Wissenschaft! Wer von Euch kann im Sande der Wüste so schnell laufen wie Ich?" –

Gerade darum also, weil wir fühlen, was wir verloren haben, reiten wir Lebensärmeren auf dem Begriffe „Leben". In der jüngsten europäischen Philosophie, (ich erinnere nur an den vielzitierten Begriff der évolution créatrice), wurden zu Lieblingsformeln aller Orakel dieser Zeit Begriffe wie diese: Leben, Lebensphilosophie, unmittelbare Anschauung, adäquate Evidenz, Lebensmacht, Lebensgewalt, Intuition des Lebendigen. – Und nichts hört man in so vielen Tonarten im gegenwärtigen Europa wiederhallen, wie das widerwärtige Lebenspreislied Fichtes:

> ‚Nichts hat unbedingten Wert und Bedeutung als das *Leben*. Alles übrige Denken, Dichten, Wissen hat nur Wert, insofern es sich auf irgendeine Weise auf das Lebendige bezieht, von ihm ausgeht oder in dasselbe zurückzulaufen beabsichtigt.' –

Indem der Europäer solche ‚Lebensbekenntnisse' spricht, denkt er zweifellos nicht an das asiatische bráhm (denn wie sollte Denken, Dichten, Wissen überhaupt es anfangen, aus bráhma je herauszutreten?) nein! er denkt an âtmâ.[4] Denkt an Macht, Glück, Weltherrschaft, Reichtum, Stärke, Erdenphilosophie, Menschheits-

[4] Die deutsche Übersetzung des Oupnek'hat, nach Anquetil Duperrons lateinischer, verdeutscht âtmân sehr schön als „das daseinslose Dasein".

nutzen. Die Herrlichkeit dieser aktivistischen Philosophie gilt aber gerade so lange, als die Erde und auf der Erde der *Mensch* dauert. Das genügt vollkommen – dem Europäer.

VI. Das Schaffen – Funktion und Substanz

Bei Allem was der Europäer ‚Kultur' nennt, handelt es sich um irgend ein Können, Schaffen, Leisten, Produzieren. Er entwirft Maschinen, Brücken, Eisenbahnen, lenkbare Luftschiffe. Er schreibt Bücher, malt Bilder, komponiert Musikwerke. Er bringt, wohin er kommt, eine Fülle von Wissen, eine Menge neuer Bedürfnisse, eine Unsumme Fertigkeiten und Technik. Alles das nennt er *‚die Kultur'* und trägt diese ‚Kultur' wie ein gut gearbeitetes Kleid an seinem Leibe. Was aber besagt das? – Daß wir Schießpulver erfanden oder Buchdruck besitzen, dürfte nicht so wichtig sein wie dies, daß wir diese Findungen der Vernunft im Dienste von Unvernunft verwerten, indem wir auch mit den herrlichsten Gütern der ‚Kultur' den Geist der Barbarei ins Ungeheuerliche vermehren, indem wir unsre Klugheit besitzen, um dumm zu sein und unsre Sittlichkeit, um auch das Unsittlichste zu rechtfertigen. Wohl errichten wir Riesenkrahne und Dynamos; aber benutzen diese Technik, um uns wechselweis elender zu machen. Wohl schmieden wir Panzerplatten und Kanonenrohre; aber nur, um das eine unsrer Werke mit einem andern zu zerstören. Wohl baun wir Luftschiffe und Unterseeschiffe; aber nur, um in das Luftreich oder unter die Meereswogen die Unmenschlichkeit unsrer Humanität zu tragen. Wohin wir dringen, haben wir die Seele der Natur geschändet.

Eine alte Anekdote erzählt von einem Früchtehändler, der im Bazare zu Kairo seine Ware ausbietet. Die Ware ist verdorben, und die Käufer halten sich die Nasen zu und rufen: „Zum Teufel mit deiner Ware. Deine Ware stinkt"; worauf mit schneller Geistesgegenwart der Händler erwidert: „Nein, meine Herren, Sie irren, *ich* stinke; meine Ware ist tadellos."

Die vielgepriesene Kultur gleicht diesem Händler, der lieber sein Selbst preisgibt, als die Güte der *Ware*, die er zum Verkaufe ausstellt.

Daß der ‚schaffende Mensch' ein durchaus problematischer Menschentypus sei, insofern sein Können und seine Leistung grade auf Kosten der Schönheit und Heiligkeit seiner lebendigen *Seele* erfolgen könnte, hatte schon das Altertum begriffen, wofür die folgenden Stellen aus den Biographien Plutarchs zum Beweise dienen mögen:

> „Ein Narr wäre der Jüngling, der beim Anblick der Meisterwerke des Phidias wünschen möchte, ein Phidias zu sein. Weiß er denn, ob jene, die das Herrliche schaffen, in sich selbst das Herrliche verwirklichen?" ...... „Einst sprach Philipp von Makedonien zu seinem Sohne Alexander, als dieser Ismenias als aller Flötenspieler obersten rühmte. „Wäre er nicht unter Menschen der letzte,

so würde er wohl nicht der oberste unter den Flötenspielern sein." ..... „Man sollte die Kunst ehren, aber die Künstler verachten."

An diesen und ähnlichen Äußerungen des Altertums messe man den *modernen* Begriff des Künstlers, Dichters, Philosophen und Gelehrten. Um auf dem Jahrmarkte der Eitelkeiten überhaupt bemerkt zu werden, muß der lauterste zum lautesten werden und sich ausbietend, Das rufen, was heute schließlich jeder ruft: „Zeitgenossen, beachtet mich." Ein Gesetz der großen Zahl belastet, ja zermalmt unser Leben. Alles ist massenhaft! Wir drucken z. B. in Deutschland zu jeder Büchermesse etwa vierzigtausend neue Bücher und beweisen damit, daß wir das geistloseste aller Völker sind, denn wie wären wir sonst imstande, das Seltene und Hohe so zu vervielfachen und vervielfachend zu entfrommen? Durch seine Massenhaftigkeit wurde uns schließlich *jeder* geistige Wert wertlos! Auf einer internationalen Kunstausstellung in London wurden jüngst 15000 neue Bilder gleichzeitig ausgestellt; auf einem Musikfeste zu Boston wirkten 20000 Solisten beiderlei Geschlechts, 2000 Mann Orchester und mehrere hundert Dampforgeln. – Unglücklicher Künstler! Du ersehnst ein Auge, das vor Deiner Leinwand stille betrachtend verweilt, und erreichst im besten Falle, daß Dein Meisterwerk unter einer Million nicht minder vortrefflicher in ein Museum gehängt und von zerstreuten Alleswissern flüchtig begutachtet wird. Unglücklicher Denker! Deine Lebensspur wäre wert, daß ein fühlender Geist sich auf einsame Insel zurückzöge, um dort der Erforschung und Durchdringung Deiner Geisteswelt ein Leben zu weihn. Was aber kannst Du im besten Fall erreichen?

Hast in Deiner Qualen Stockhaus
Endlich doch erlangt,
Daß im Lexikon von Brockhaus
Auch *Dein* Name prangt.
Daß der deutsche Oberlehrer
Dich auch mit bekennt,
Wenn er sechzigtausend Mehrer
Deutscher Bildung nennt.

Indem ich dieses niederschreibe, weiß ich schon, daß der Zeitgenosse, welcher es liest (*wenn* ein Zeitgenosse es liest), sofort über das selbe Thema etwas viel Gescheuteres zu sagen haben wird, und daß ich morgen beschämt bekennen muß, daß ein Philosophieprofessor schon erschöpfender, ein Dichter schöner gestaltet hat, was mir mit Herzblut von *Mir* geschaffen schien. Denn es gibt keine Leistung, die nicht als Leistung sofort überboten wäre. Aber der *Mensch*, der Träger alle dieser Leisterei und Könnerei? Die Zusammenhänge seiner ‚sachlichen Werke' mit dem sie erzeugenden und tragenden Leben sind so locker, daß auch das Beste unsrer Kultur mehr gekonnt, gelernt und gewußt, als erlebt und erblutet wurde.

Darum eben feiern die ‚schaffenden Europäer' im Schaffen gleichsam immer Sonntag und machen so viel Wesens von ihren ‚Werken'. – Das Buch soll erheben, das Bild soll vergessen machen, die ‚Werke' sollen von Wirklichkeit *erlösen*. Nur so lange die große Weltidee des Katholizismus eine gemeinsame Atemluft für Europa schuf, blühte einfältige Schönheit aus nüchternem *Alltag*. Jetzt aber ist Romantik das *Eine* und Machtgewinnen das *Andere*; und der europäische Mensch ‚macht' Werte. Ein deutscher Dichter beginnt eine seiner schönsten Oden mit den Worten:

> „Schon naht die schmerzliche Stunde der Geburt,
> Da er sich selbst gebiert, der hinfällige Mensch"

Aber Das gerade ist Verbrechen der ‚schaffenden Menschen', daß sie in Werken erst sich selber gebären, statt sich selber zu offenbaren. Es ist das Wesen alles schöpferischen Lebens, daß es naiv und unbefangen sich selber darreichen muß; aber das bewußte Formen, Gestalten und Schaffen steigert nur sich selber aus der Natur heraus und macht mehr aus sich, als das lebendige Blut herausgibt, so wie eine Katze mehr zu fressen liebt, als sie selber schwer ist. Die Menschen Europas haben ihre Talente, Fertigkeiten, Tüchtigkeiten, Gelehrigkeiten und Techniken gar nicht anders, als wie jemand ein ‚Überbein' mit auf die Welt bringt. Der eine *hat* es; der andere hat es *nicht*. Diese berühmten Narren möchten sich am liebsten hinter ihrer Kunst oder Wissenschaft verbarrikadieren, so daß der lebendige Mensch als ‚bloß empirische Persönlichkeit' von der ‚sachlichen Leistung' *aufgesogen* erscheint. Das ist das Elend dieser ‚Kultur', daß sie Können und Leisten so aus den Seelen erpreßt, wie man im Winter Fliederblüten erpreßt, in einem Treibhaus. Diese berühmten Narren dünkeln, ihre Werke könnten auch ihre Personen rechtfertigen. So wähnten Nero und Dionys, daß ihr Lumpendasein minder gen Himmel stänke, weil sie Gedichte machen und Cither schlagen konnten. Europas Maschinen sind geistvoller als die Menschen, die sie bauen. Europas Bücher edler als die Menschen, die sie schreiben. Man darf solch einen ‚Schaffenden' nur beileibe nicht aus der Nähe betrachten. Das nennen sie ihre ‚Sachlichkeit'.

Zuletzt aber hat man den furchtbaren Eindruck, als sei diese europäische Kultur nur ein berühmtes Cabaret, in welchem die allerverschiedensten Exzentrizitäten und Spezialitäten allabendlich auftreten. Der eine ist ganz Bein, der andere ganz Auge oder Ohr. Der Tänzer scheint ganz Nerv, der Turner ganz Muskel geworden zu sein. Das eine Weib kann wie eine Nachtigall flöten, das andere pfeifen wie eine Drossel. Der erste brachte die Kunst am Trapez, der zweite die der Schnellmalerei zur letzten Vollendung. So zeigt sich denn auch der eine abgerichtet auf Mathematik oder Logik, der zweite auf Seelenkunde oder Physiologie, der dritte ist Dichter und wirkt als Gefühlsindustrieller, und der vierte hat sich auf Philosophie trainiert. Auch für die tiefsten persönlichen Notstände alle dieser Mißbrauchten und Trainierten sind bequem und kraftökonomisch gute Spezialisten und Apotheken zur Hand. Man hat Pfaffen oder Professoren, Kirchen oder Universitäten. Man hat einen fertigen Begriffsapparat vorgedachter Formen und Kategorien. Kaum jemals aber gelangt alle diesen trefflich abgerichteten, gut dressierten und scheinbar unschädlich domestizierten, zu Geist gewordenen Tieren bei all ihren Fertigkeiten und Tüchtigkeiten in ihrer stillsten Stunde zu Bewußtsein, daß ihre arme Seele doch wohl eigentlich dazu geboren ward, um sich selbst in innigstem Eigensein zu Schönheit zu entfalten; zur Vollendung zu erheben. Sie werden sich selber ganz wertlos, indem sie sich an lauter objektive Werke und Werte dahin schenken. Denn sie könnten ja alle auch irgendwie anders. Sie alle *spielen* ja nur! Und selbst wenn sie Schwärmer oder Mystiker sind; dann schwärmen sie vor einem Publikum und orakeln auf dem Markte. Sie leiden alle daran, daß kein innerstes Muß, kein letzter Wahnsinn sie zwingt, ihr Leben so zu gestalten, wie es sich gestaltet; so daß ihr Lebenswerk eben nicht mehr als eine große Lebens*leistung* blieb. Denn mit Fug und Recht könnte man einen jeden fragen: Warum bist denn Du grade der große Dichter geworden? und Du grade der Arzt? und Du der Händler? Man schaue doch nur in die Gesichter dieser Denker und Künstler der Gegenwart! Könnte man sie denn nicht alle, in gewissen Grenzen austauschen und verwechseln? Wenn Kanonen dröhnen werden sie martialisch und wenn die Glocken läuten fromm. Was aber sind sie *selber*? Solch ein gesichtloser Gelehrten- oder Künstlerkopf könnte allemal auch noch etwas ganz Anderes bedeuten: Oberkellner, Philologe, Hochstapler, Bankdirektor. Denn das alte ‚poetae nascuntur' wurde für dieses höchst komplizierte und tief raffinierte Könner-, Leister-, Täter- und Schaffer-Geschlecht längst ganz ungültig.

Hier bemerken wir nun die Unterschiede gegen *Asiens* Kultur. Sie ist durchaus Gestalt und Ausdruck des Blutes; nicht aber Schaffen und Leistung. Man darf daher so wenig wie vor den Überlieferungen der Alten, die Frage nach Technik, Form und Metier losgelöst von der Frage nach den Lebensinhalten stellen, sondern muß sie hinnehmen als Lebensausdruck und Lebensspur naiver einfältiger Geschlechter, deren Werke keineswegs vom Leben ihres Alltags abzutrennen sind. Darum tragen die Erzeugnisse dieser Menschen jenen Stempel natürlicher Sicherheit und klarer Selbstverständlichkeit, stiller Innigkeit und Einfachheit, Klarheit und Begreiflichkeit für Jedermann, den nur das Gewachsene und Gewordene, nie aber bloß Geschaffenes und Geleistetes trägt. Jede kleinste Arbeit, ein Schächtelchen aus Bambus, ein Bildchen auf Glas, eine Perlenschnur, ein Seidentuch ist noch mehr und anderes als ‚Arbeit'. Ihre Ornamente und Gewebe, ihre Flechtereien und Keramiken, ihre Metall- und Schmiedearbeiten, ihre Waffen und Kleider, scheinen sie nicht, wie Blume und Tier, Volkslied und Märchen, von der Natur selber schlafwandelnd und traumsicher gebildet zu sein? Dichtung und Musik, Mythos und Seele durchbluten auch mühseligen Alltag. Die Arbeit am Pflug und im Handwerk bewegt sich im Banne des Rhythmus, und nichts ist dem Genius, den *Natur* hervorbringt, fremder als ein Berufsstand von Gelehrten,

Artisten, Literaten, deren übersteigerte Geistigkeit nur eine *Leistung* ist, nicht Gepräge und Form, die das Leben selber annahm. Asien schlummert ganz im sicheren Sein, während Europa immer den *Sinn* und die *Bedeutung* des Seins besitzen will und darüber sein Wesen verliert.

Es ist für die gesamte europäische Wissenschaft und Philosophie kennzeichnend, daß sie immer in der großen Menschheitslüge ‚Kausalität' verwurzelt bleibt. Wir wollen das Zustandekommen, das Gemachtwerden, die Realgründe der Dinge erforschen und verlieren eben damit ihr Leben aus dem Auge. Alle unsre Wissenschaften lösen die Welt in ein Nichts von Relationen auf. Die Physik erkennt nur Bewegung ohne Bewegungsträger, im Raum fortgepflanzte Energie ohne Substrat, Wellen ohne ein oszillierendes Medium, Schwingungen ohne schwingenden Stoff, relativen Raum und relative Zeit. – Die Chemie rühmt sich, die Hypothese von Atomen und unauflöslichen Letztteilchen beseitigt und ‚keinerlei Daseinsklötzchen' nötig zu haben. Die Naturwissenschaft der inneren Erfahrung, Psychologie genannt, ist stolz darauf, die Seelenkunde als rein phänomenale, nur beschreibende, nur klassifizierende Wissenschaft zu betreiben. Sie anerkennt zwar das Entstehen und Vergehen ‚seelischer *Akte'*, aber sie glaubt nicht an eine *Seele*. Sie untersucht zwar ‚vitale Vorgänge seelischer Art', aber sie verbietet zu fragen, *wessen* Vorgänge das seien oder an welchem *Etwas* denn eigentlich alle dieses seelische Erleben stattfinde. Selbst die morphologische Wissenschaft, wie die Anatomie, betrachtet Gestalt und Form unter dem Gesichtspunkt der *Funktion*! Formen sind: ‚Durchgangspunkte' von Bewegungen oder Vorgängen. Vollends haben die Geschichts- und Gesellschaftswissenschaften Europas sich an den Gedanken der ewigen Umschichtung, Umwandlung und Verflutung so gewöhnt, daß Historiker den Glauben an feste gottgewollte Verfassungsformen und unerschütterliche Gesetze des Staatenlebens; Volkswirte den Glauben an Kasten, Stände und Zünfte ebenso verwerfen, wie der Zoologe den an Genera und substanziale Typen, wie der Biologe den an eine bestimmte Anzahl ein für alle Mal geschaffener Rassen und Klassen von Geschöpfen.

Der mathematische *Funktionenbegriff* ist somit allmächtig geworden! Er gipfelt in jenem jüngsten europäischen Relativitätstheorem, welches die Welt nur als ‚Bezugsystem von Näherungswerten' gelten läßt. –

Indem diese moderne Physik die uns von der ‚klassischen Mechanik' eingeimpfte ‚Weltanschauung *Europas*' bis zu den Grenzen verfolgt, wo sie absurd zu werden beginnt, erweist sie sich in Wahrheit als die scharfsinnigste Ausgeburt der mechanistisch voreingenommenen, einseitig rechnerischen *europäischen Intelligenz*. Diese rechnerische Intelligenz Europas vernichtet absoluten Raum, absolute Zeit, absolute Bewegung, Weltäther, Weltsubstanz, kurz jeden ‚Seinsbegriff des Unbedingten' einzig allein darum, weil sie von der leblos-abstrakten Voraussetzung ausgeht, daß Raum, Zeit, Substanz, Bewegung, Wirklichkeit, empirisches Dasein usw. etwas schlechthin Letztes, *schlechthin Gegebenes* sei, – während dieses alles doch nichts Anderes ist als die ins Lebendige *eingebaute*, unablegbarmechanische *Orientierungswelt* geistigen Bewußtseins. – Diese bedeutenden Kritiker der Mechanik[5] setzen ja eben die Prinzipien mechanischen Denkens *schon voraus*, statt zu erfassen, was Physik und Metaphysik im Grunde ist und einzig sein kann: *nicht* die unmittelbare Anschauung erlebbaren Lebens, sondern das Kampfes- und Übermächtigungsmittel des europäischen Willens zur Macht, welcher das an sich immer nur *Erlebbare* kopf- und handfertig zur *Bewußtseinswirklichkeit umbaut*. Jeder Vorschritt zur ‚Sachlichkeit' ist dabei eine Ernüchterung, jeder Gewinn an Welt sachlicher Gegenstände eine Abtötung lebendiger Seele!

So erinnert uns denn der große europäische Wettstreit um das ‚Relative' und das ‚Relativitätsprinzip' modernster Wissenschaften ein wenig an jene alte Anekdote von Grillparzers und Raimunds gemeinsamen Besuch in der Affenmenagerie zu Schönbrunn. – „Sehn Sie," ruft Raimund entzückt, „welche halsbrecherische Turnkünste diese Affen fertigbringen! Gibt es einen Menschen, der einen solchen Saltomortale machen kann?" – Grillparzer sieht dem Schauspiel mürrisch zu und sagt in seinem Wiener Dialekt nachdenklich: „Hat sie's wer g'schafft?"

Man möchte angesichts der gewaltigen Saltomortale einer neuen europäischen Physik, welche den Beweis erbringt, daß Raum, Zeit und Kausalität relativ sind, gleich dem immer malkontenten Dichter ausrufen: „Wer hat's denn g'schafft, anzunehmen, daß sie *nicht* ‚relativ' sind?!"

[...]

X. Verschiedene Stellung zur Tierwelt

Ich lese in dem Reisebuche eines österreichischen Erzherzogs von einem Jagdausflug in die Urwälder Indiens. Die Herren, in europäischen Sportanzügen und mit Tropenhelmen, stellen sich mit guten Feuerwaffen an die Fenster ihres Salonzuges und schießen rechts und links von der Bahnstrecke alles nieder, was in den Bereich europäischer Flinten kommt: seltene Vögel, Affen, Hochwild, Rehe, Gnu, Antilope, Schlangen, – Tiere, die bis dahin den Menschen noch nicht als Feind gekannt hatten, denn der Buddhist darf weder Tierfleisch als Nahrung genießen, noch tierische Produkte wie Felle und Leder verwenden; er soll nicht einmal Ungeziefer und schädliche Insekten töten, indem er sie verscheucht. Läßt sich mithin nicht begreifen, daß zumal der Hindu den europäischen Menschen empfinden muß wie einen Teufel, welcher gekommen ist, den Schlaf der Welt zu zerstören? Er möchte diesen Teufel, welcher Schießwaffen, Alkohol, Laster und Bedürfnisse jeder Art verbreitet, wohl am liebsten so nennen, wie die Eingeborenen auf Samoa uns Deutsche nennen: Papalanghi, zu deutsch: Himmelszerbrecher. Wir Träger Europas und seiner Kultur zerbrachen den Himmel der Unschuld!

---

[5] Einstein, Lorentz, Minkowski.

Ließen wir noch ein Fleckchen Erde übrig, wo uraltes Leben nicht ausgerodet ward? Gibt es Wälder, die wir nicht in Zeitungspapiere wandeln? Bär und Biber, Adler und Geier sind aus unseren Forsten verschwunden. Die letzten Elefanten und Nashorne werden bald im letzten Dschungel gefangen sein. Der letzte Walfisch wird in schwimmenden Fabriken aufgejagt, um an Ort und Stelle erlegt, zerwirkt und in Stücken in die europäischen Häfen transportiert zu werden. Ganze Tierarten wie die Riesenschildkröten Australiens, die Reiher Südamerikas, werden in 50 Jahren von den Europäern ausgerottet sein. Siehe doch, eine zarte europäische Dame! Um den Hals einen Marder, als Gürtel die Haut des Otter, Stiefelchen vom Leder des Kalbs, Mieder von Fischbein, Handschuh vom Lamm, Portemonnaie aus Schildkrott, Agraffe aus Zähnen des Elefanten und auf dem Haupte als Triumphflagge aller Naturmörderei die wehende Straußen- und Reiherfeder.

Können wir wissen, ob nicht die jahrhundertelange Gewohnheit, uns Tierblut einzuverleiben, unsere Natur gestaltet hat? Eine wahre Neugeburt des Menschengeschlechtes müßte wahrscheinlich von den allerbanalsten Dingen ausgehen, Schlaf und Diät. Wer es fertig brächte, den Menschen von Fleisch, Alkohol, Nikotin ganz zu entwöhnen, hätte für die Auferhöhung des Typus Mensch soviel getan, wie Sokrates und Jesus.

Inzwischen bleibt es eine freudige Botschaft, daß mehrere Millionen Menschen Asiens täglich das schönste aller Gebete beten: „Möchten alle Wesen heute schmerzfrei sein" und des Fleischgenusses sich enthalten, im Gefühl jener höheren Zukunft, von welcher Shelley singt:

„Nicht mehr das Lamm, das ihm ins Antlitz schaut,
Erschlägt er, sich an seinem Fleisch zu letzen,
Das, der Natur beleidigt Recht zu sühnen,
Die Säfte seines Körpers faulen macht."

Wir opfern in Europa ganze Hekatomben Kolibris, Fliegenvögel, Paradiesvögel, Glanzstaare, Seehunde, Robben, Schwarzfüchse, Silberfüchse, Zobel, Nerze, Biber alljährlich gedankenlos der Mode. Und oh! Über die Grausamkeit unserer Zoologischen Gärten, darin die Kinder ihre ersten bleibenden Eindrücke vom Leben der Tierwelt erhalten. Man blicke in das hoffnungslos erloschene Auge solch eines eingekäfigten Riesenadlers mit gekappten Schwingen; man lese den Blick des geknebelten freien Raubtieres. Die halbe Natur der Erde würde erlöst aufatmen, wenn die sogenannte Kultur unterginge.[6]

[6] Zur Zeit, wo ich dies in Korrektur lese, hat man an meinem Wohnort Tierblut zum Volksernährungsmittel gemacht. Es wird in mächtigen Quantitäten in den Fleischerläden abgegeben. Der Aufruf der Stadt, welcher mahnt, sich dieses Volksernährungsmittels zu bedienen, beginnt mit Goethes Wort: „Blut ist ein ganz besonderer Saft".

[...]

XIV. Das Weltbild – Wirklichkeit oder Leben[7]

Alle unsere Gedanken können wir, wie schweifende Strahlen in ihrem Brennpunkt, nun zusammenfassen, indem wir zum Kerne unserer Betrachtungen kommend, behaupten: Europa hat eine andere Wirklichkeit als Asien.

Gehen wir von einer Doppelart des Begriffes „Wirklichkeit" aus, die jedermann, bewußt oder unbewußt, geläufig ist.

Die strenge Naturwissenschaft führt unmittelbar gegebene Phänomene auf eine dahinterstehende „Wirklichkeit" zurück; diese sodann auf eine zweite, auf eine dritte „Wirklichkeit", bis zuletzt die mathematische Formel der Mechanik die schließliche und eigentliche „Wirklichkeit" bezeichnet.

Das Licht und die Farbe z. B. sind, nach Maxwells und Faradays Hypothese, „in Wirklichkeit" Bewegung eines Äther genannten Substrats von bestimmter Anzahl und bestimmter Wellenlänge pro Sekunde; dieser Weltäther aber ist auch keine Wirklichkeit *letzter* Instanz, sondern ist „in Wirklichkeit" eine Form von Kraft, diese Kraft ist ein energetischer Vorgang, dieser energetische Vorgang ist eine mathematische Relation usw. (wofern man nicht vorzieht, aus Physik zu Metaphysik flüchtend irgendein metaphysisches Etwas, genannt Wille, Unbewußtes, Absolutes, Leben usw. für die alles tragende Wirklichkeit von *letzter* Instanz in Anspruch zu nehmen). Alles dieses nun ist mechanisches Erklären dessen, was zunächst nur *erlebt* wird. –

Das aber ist nur der *eine* Pol des Begriffes Wirklichkeit! Der andere verharrt bei der Oberfläche der unmittelbar erlebten Gegebenheit. Das naive Denken Goethes z. B. schweift in Farbenlehre und Optik keinen Augenblick von unmittelbarer Gegenwart der Erscheinungen zu den sie erklärenden Hintergründen hinüber. „Das Licht ist Licht, die blaue Farbe ist blau" so sagt er, das Recht des Auges gegen die Ansprüche der Mechanik ausspielend, trotzig gegen Newtons Erklärung der Farben, etwa so wie im frühen Altertum Heraklit die uns fast täppisch anmutenden Worte niederlegte: „die Sonne ist zwei Fuß breit" oder wie Lucrez sang:

> „Größer ist nicht das Rad der glühenden Sonne
> Als deinem *Sinn* es erscheint."

---

[7] Vgl. zu Abschnitt XIV.: Psychologie der Ahmung. Archiv f. system. Philos. XVIII. 2. – Ferner: „Über die Möglichkeit einer universalen Charakterologie" Archiv f. system. Philos. 1918. Sowie: „Philosophie als Tat" S. 127-151. Eine Reihe von Hinweisen dieses Abschnitts verdanke ich Dr. Hugo Eick in Hamburg.

Was diese tiefen Denker sagen wollen, ist Dieses: Die Sonne ‚ist' genau das, als was sie für mich erscheint. Was kümmert mich die „Wirklichkeit" der Wissenschaft, die eine *solche* Sonne erschließt, welche wohl gefolgert, niemals aber so gesehen werden kann, wie sie nach Versicherung der Wissenschaft doch „in Wirklichkeit" sein soll. Es gibt eben keine „Wirklichkeit" losgelöst von Werthaltung und Wille, sondern wirklich nenne ich, was auf mich *wirkt*. Und das nun ist ein Doppeltes!

Insofern ich der Mensch des Kampfes um Dasein bin, ist die Welt, an der ich mich *stoße*, die „wirkliche Welt". Sofern ich aber nicht strebend, sondern bloß anschauend erlebe, ist das natürliche Erlebnis meines unverkünstelten naiven Auges für mich wirklich; die „Wirklichkeit" der Wissenschaft habe ich dann nur *nebenbei*, insofern ich nicht bloß leben, sondern mich auch über das Erlebnis *orientieren* muß.

Von einer anderen Seite her können wir das Gesagte folgendermaßen zusammenfassen: Was im unmittelbaren Erlebnis durch Formen und Gestalten hindurch – (und *jede* Form, *jede* Gestalt *ist* seelisches Leben) – was durch Mitahmung und Ausdrucksbewegung, durch Einlebung und Auslebung einander sich vermittelt, das in der Körperwelt Lebendige und nur durch Körperwelt hindurch Erlebbare liegt in einer anderen Ebene, als alle die Erklärungen und Auslegungen, die der Geist d. h. das *Bewußtsein* des Menschen findet, um „*hinter* die Dinge zu kommen", d. h. um sie zu übermächtigen, zu entwirken und für menschliche Ziele hand- und kopffertig zu machen. So besteht also das merkwürdige Verhältnis, daß das an der Oberfläche, bei bloßem ‚Phänomenalismus' festhaftende Auge weit näher das Lebendige erfaßt als der verstellende Verstand, der *hinter* den Erscheinungen zu nützlichen Zwecken der Wissenschaft eine zweite, eine dritte, immer aber mechanisierende und atomisierende ‚Wirklichkeit' ansetzt. – Wenn wir nun in *Europa* von ‚Wirklichkeit' sprechen, so ist nach mehreren Jahrtausenden wissenschaftlicher Verstandesschulung das ursprüngliche Erleben durch Gestalt und Form, oder besser gesagt: so sind Gestalt und Form *als* ursprüngliches Erleben uns so abhanden gekommen, daß wir unsere gewußte Wirklichkeit, diese Rechenmünze der Abstraktion, *an die Stelle* erlebter Anschauung setzen! Die gelebte Anschauung könnte ja niemals ‚generell' sein! Schon *darum* haben wir von der mythologischen Denkart Asiens wohl ganz unzutreffende Vorstellungen.

Wie der bestimmte Artikel ursprünglich ein Demonstrativpronomen ist (‚der' Berg bedeutet ursprünglich einen *einzelnen* Berg, ‚die' Wolke eine *bestimmte* Wolke), so ist die Beseelung der Natur mit Göttern und Dämonen keineswegs ein Abstraktionsvorgang! Die Anbetung der Sonne oder der Dienst der Mondgöttin z. B. ist nicht, wie wir wähnen, der „Kultus einer *Naturkraft*"; sondern bestimmte, einzelne, anschauliche Erlebnisse stehen hinter Naturbeseelung. So ist die Göttin des gehörnten Mondes in Japan eine andere, als die des vollen; der Gott der Morgensonne bei den Chinesen nicht der der Mittag- oder Abendsonne usw. Wir aber denken ‚objektiv', das heißt lieblos. Wir erfassen sachlich, das heißt mechanisch. Ein Maschinelles, der bloße *Abzug* des Lebens, unser wissenschaftlicher, d. h., genereller Begriffsapparat, ist zwischen uns und den Ausdruck des Lebens getreten.

Dieser Apparat, der uns Macht gibt, auf den wir stolz sind, durch den wir die Natur gewältigen, wurde nun aber von den Asiaten erst auf den Universitäten genannten Fachschulen Europas erlernt. Das Volk kennt ihn nicht! Und daher hat dieses wissende und sachliche Verhältnis zu Pflanze, Tier, Himmel, Erde noch nicht völlig jenes lebensnähere, ganz persönliche verdrängt, welches in zahllosen Göttersymbolen die Natur beseelt und allen Dingen, ob sie aus Natur oder aus der Hand des Menschen hervorgehn, ein Leben entnimmt, welches in Mit-, Gegen- und Aufahmung durch Form und Gestalt hindurch gelebt wird *vor* allem Verstehen und Wissen und ohne die umfassenden Mechanismen der *Bewußtheit*.

Hier brauche ich nur hinzuweisen auf die uns so unverständliche Astronomie und Astralmythe der Asiaten, die gleich den alten Ägyptern und Babyloniern konkrete, sinnliche *Symbole* (im wörtlichen und ursprünglichen Sinne des *Zusammenfallens* von Form und Inhalt) auch in das *Wissen* von Natur mit hinübernehmen. Für uns ‚wissenschaftlich denkende Europäer' gilt das alles entweder als kruder Aberglaube oder als eine Art Primitivität und bloßer Vorstufe zur wissenschaftlichen Erfassung der Welt, denn wir sehen nicht, daß eine mythologische und symbolische Welterklärung nicht in der selben Ebene liegt wie die Wissenschaft, mithin auch nicht Vorläufer ihrer „Entwicklung“ sein kann, ja überhaupt nicht in *unserm* Sinne die Welt „erklärt“.

Wir sind die Leidtragenden! Wir haben, indem wir so viel über Natur und Erde lernten, etwas Anderes *ver*lernt: den Zusammenhang mit dem Lebendigen jenseits mechanischer Orientierung über ... Wir haben verlernt, daß, was wir „Wirklichkeit“ nennen, unsere Tat, ja im Grunde unser Instrument ist, womit wir Leben abtötend-vergewaltigen. Denn selbst der Lebensbegriff unserer besten gegenwärtigen Philosophen (der von Nietzsche, Bergson, Driesch), ist im Kern nur mechanisch und von einem Aberglauben an die Möglichkeit „unmittelbarer Tatsachen des Bewußtseins“ oder „intuitiver Erfassung des Lebendigen“ diktiert. Nicht minder auch der Begriff der Einfühlung oder Einsfühlung bei den modernen Psychologen, der die ganz schiefe Voraussetzung birgt, die Welt sei wohl „eigentlich“ ein Konglomerat von Bewegungen und Atomen, die erst Ich beseele, in die Ich einfühlend *mein* Ich hinübertrage.[8]

Blicken wir einen Augenblick von dem Unterschiede des europäischen und asiatischen *Wissens* vom Leben zu den Unterschieden des *künstlerischen* Weltbildes der zwei Erdhälften hinüber. Da finden wir, daß die europäische Kunst im Vergleich zu der Asiens fast durchweg *gegenständliche* Kunst ist. Der Maler will die wahrgenommene Landschaft oder das beobachtete Bildnis „wirklichkeitstreu“

---

[8] Eben an die Stelle der alten Einfühlungspsychologie habe ich darum die Ahmungslehre zu setzen versucht.

auf die Leinwand bringen. Der Dichter sein Werk aus analytischen Elementen, beobachteten Einzelheiten zusammensetzen („verdichten"). Selbst der Musiker rühmt sich einer Art: Objektivität. – Nichts davon in Asien! Hier zeigen Gedicht und Gemälde, unbekümmert um Psychologie oder Perspektive, den Ausdruck einer Seele, die in Milliarden Gestalten ganz ungeteilt sich den Sinnen bietet. Beachten wir wohl, daß der Mensch die Gegenstände nicht von vornherein als *Gegen*stände erlebt, sondern daß auch das Sehen der uns scheinbar so natürlichen „Wirklichkeit" samt Raum und Perspektive mühsam gelernt wird und dem asiatischen Menschen im weiten Maße unbekannt bleibt. Denn was das naive Auge unbekümmert erfaßt, das ist eine *augenblickliche* Vision von Farben, Licht, Formen, für welche der „Gegenstand" nicht als Gegenstand, sondern lediglich als Transparent eines von ihm verkörperlichten *Lebendigen* in Betracht kommt. Erst wenn wir die Beute vieler „Augenblicke" kombinieren und deuten lernen, ersteht aus der Vision der Einzelgesichte allmählich die Welt der Gegenstände, die wir in einem bloß gedachten, ursprünglich immer flächenhaft gesehenen Raum hineinordnen, indeß Raum und Tiefe als solche nicht *gesehen* wird. Auch hier also hat sich notgedrungen ein *Maschinelles* zwischen den Menschen und seine Erlebnisse eingeschoben: die photographische Platte, das künstlich erweiterte Auge. Denn das europäische Auge sieht die Welt nicht so, wie das ursprüngliche naive Menschenauge sie sieht, sondern so, wie eine Zwischeninstanz mechanischer *Hilfsmittel* das Gesicht der Welt erweitern, sachlich ordnen, künstlich verbessern lehrte. Die asiatische Kunst dagegen hängt immer noch an den Visionen des Augenblicks, so daß der Künstler sich nicht scheut, das Gesehene so wiederzugeben wie es just *seinem* Erleben sich bietet, z. B. einen an sich geringfügigen Gegenstand riesengroß und übermächtig zu zeichnen, falls er für ihn eine höhere seelische Bedeutung hat, als die an sich gleich großen Gegenstände der Umgebung oder auch in ein und dem selben Werke mehrere verschiedene Augenblickseindrücke neben einander zu bannen, ohne den Wunsch, sie zu einem einheitlichen Vorwurf zu vereinheitlichen. Daher jene typischen Flügelgreifen, Löwen und Stiere vor den Portalen der Tempel, welche für das europäische Auge schwer erträglich sind, weil sie statt der natürlichen vier Beine deren sechse oder statt eines Kopfes eine ganze Reihe von Köpfen haben, weil der Künstler will, daß man von verschiedenen Standorten jeweils nur Eines betrachte, etwa das eine Mal en face, das andere Mal im Profil, wobei dann das zum Vorschein kommt, was der Bildner unmittelbar vor sich gesehen hat, nicht aber es ihm darauf ankommt, den Gegenstand als *wirklichen* Gegenstand zu rekonstruieren. Daher können die ‚expressionistischen' Maler der Gegenwart, die nicht photographieren, sondern Gesichte bannen wollen, bei Künsten Asiens wohl in die Schule gehen, von denen man schön gesagt hat: Sie geben nur ein Baumblatt, aber es ist der ganze Frühling.[9]

---

[9] Mein Begriff eines *gegen*ständlichen und eines symbolischen Sehens erklärt den

Im Lichte dieser Betrachtung wird die Weigerung Goethes, durch Fernglas und Kleinglas zu blicken und seine Abneigung gegen Brillenträger zum Ausdruck einer Ahnung, daß die vielgerühmte Wirklichkeitswelt Europas eine durch pathologische Erweiterung *eines* Sinnes gewonnene und somit abnorme Wirklichkeit sein könnte. Für uns ist das Kunstwerk eine Kombination vieler Wahrnehmungen zu gegenständlicher Wirklichkeit, in Asien dagegen herrscht die Isolierung des Augenblicks, die lebhaftere Erschütterung im Erlebnis des Moments. Das Bild wird weniger mit dem wissenden Auge gesehen als mit dem Gefühle geschaut, so wie das Kind noch als Stücke seiner Seele die Dinge erschaut, bevor es sie „begriffen" d. h. sich von ihnen *ab*gelöst hat.

Auch hier der Triumph des Maschinellen! Die Preisgabe des Lebendigen an das „Objektive". Es ist, als ob dieser europäische Mensch an alle dem, was er machen, schaffen, leisten kann, so zugrunde geht, wie der Schmetterling an seinem Ei, die Blüte an ihrer Frucht. Aber während Blüte und Frucht das Leben weiterbildend erneuern, hat die Maschinenwelt das Blut des Menschen ein- und ausgesogen wie ein Vampir. All seine Seele, sein Wille, sein Geist sind nun auf die Maschine übergegangen, die viel weiser und vernünftiger geworden ist, als das sehr sterbliche Wesen, welches die Geister oder den Geist, den es selber erschuf, nicht mehr zu bannen vermag.

Wir haben an Beispielen der „sachlichen Kunst" soeben dargelegt, daß der *Raum* in gleich alle dem, was wir in ihn einordnen, nicht unser Erlebnis, sondern unser Gedanke ist, daß die Welt im Raume mitsamt dem Raume selbst (also: alle „Bewußtseinswirklichkeit") nicht unser *Leben* sei, sondern eben eine ‚Welt', mittelst deren wir aus dem Lebendigen heraustretend, uns über Lebendiges *orientieren.*

Ich könnte nun ganz das Selbe, von der äußeren Erfahrung zur inneren übergehend, auch von der *Zeit* sagen: daß sie selber gleich alle dem, was wir in sie einstellen, schon ein Heraustreten aus dem *Erlebnis*, also eine Mechanik und Mechanisierung des an sich eben immer nur *Erlebbaren* sei.

Es ist keineswegs so, daß man Uhren erfand, um das Erlebnis Zeit zu messen; sondern es gibt erst das Erlebnis Zeit von der Erfindung des messenden Zeitmaßes an. Auch Zeit ist nicht erlebbar, ja ist schon dem Begriffe nach just das *Gegenteil*

Gegensatz, von dem wir reden, schon durch die Wahl der *Worte*. *Gegen*ständliches Sehen ist immer dualistisch; es gehört zum Wesen des Bewußtseins, daß ein Ich und ein *Gegen*stand (David Hume würde sagen „some forcible"), sich *gegen* einander scheidet. So ist es beim Sehen „in Raum und Zeit", also beim Auffassen unserer mechanischen und durchaus schon gedachten „Wirklichkeit". – Das Wort „symbolisch" dagegen (von symbállein, zusammenfallen) deutet auf das *vor*bewußte Ineinsfühlen von Inhalt und Form. Hierbei ist die Gestalt eben das Lebendige selbst; nicht wie alle Bewußtseinswirklichkeit ein Gedanke, sondern der *Lebens*ausdruck. – Ich hätte den Gegensatz auch als den der trachtenden und *be*trachtenden Anschauung erläutern können. Es ist die tiefste Kluft zwischen Europa und Asien.

von Leben. „Zeit“ bedeutet ursprünglich immer einen bestimmten Punkt, im Gegensatz zu Weile, welcher Begriff auf den der Ruhe (althochdeutsch wilên) zurückgeht.[10]

Gesetzt das Wesen des Lebens wäre ein kontinuierliches Verfließen ohne intermittierende Ruhepunkte, so wäre das Leben selber eben *zeit*los. Im Zustande höchster lebendiger Aktivität würden wir gar nichts von „Zeit“ wissen, die erst dadurch für uns entsteht, daß wir aus dem Lebendigsein heraus- und ihm *gegenüber*treten. Wir haben also im Kerne einen bloß negativen Begriff im Begriffe Zeit, ähnlich wie das Unendliche nichts Positives, Anschauliches verbirgt, da die Vorsilbe un- gleich dem α-privativum nur eine *Negation* des Endlichen ist.

Dies alles besagt, daß die Bewußtseinswelt, die „Welt in Raum und Zeit“ eine Abstellung des Lebens vom Lebendigen, nicht aber das *unmittelbare* Lebendige selber ist. Alle Bewußtseinswirklichkeit ist vielmehr mitsamt Zeit und Raum, Zählen und Messen, *ein in das Lebendige eingebautes Mechanisches*, während das Lebendige selbst als solches zeit- und raumlos gelebt wird.

Wir aber haben im Hochmute unseres bewußten Wissens einen Mechanismus zur Bewältigung des Lebens zum Herrn über das Leben gemacht, und indem wir die lebendige Natur zu übermächtigen trachteten, hat die mechanisch, sachlich, menschlich gemachte Natur sich an uns gerächt.[11]

Alles Wissen macht das Leben zur Maschine. Die Maschine aber ist unser Gott geworden. Die Raummaschine: Fernrohr, Kleinrohr, Camera obscura; die Zeitmaschine: Uhr, Eisenbahn, Telegraph. Statt lebendiger Seele redet nun eine gespenstige Welt bedruckten Papiers. Statt Scholle und Landschaft umklammert unser Herz wimmelnde Ameisenhaufen riesiger Städte. Statt der Heimat haben wir nur Vaterland. Wir ziehen uns selbst aus den Dingen zurück. Der Arbeiter wird Sklave seines Produktes. Und oh Ironie! da wir uns keiner Seele zu rühmen haben, so rühmen wir uns eines Mechanismus. Wir nennen ihn Ordnung, Disziplin, Organisation, Manneszucht. Was aber ist der *Inhalt* unseres Mechanismus? Was ist der Nutzen alle seines Nutzens?

Wir wissen es nicht! Nur Gespenster beherrschen uns. Wir beten zur Ordnung. Und es kann das Verbrechen so gut Ordnung haben wie das Recht. Wir bewundern den Helden, aber uns scheint ein Raubzug so heldenhaft zu sein wie Christi Tod am Kreuze. Wir lobpreisen Leben, Kraft, Wachstum, Entwicklung, Gewalt. Aber was wächst und lebt, was leben und wachsen *solle*, danach fragen wir nicht. All unser Begriffsapparat ist philosophistischer Formalismus. Es läßt sich Alles damit begründen, Alles rechtfertigen. Nicht lebendige Menschen, Seele zu Seele lieben und hassen einander. Nein! Jetzt bewegen sich Organisation gegen Organisation, Staaten gegen Staaten, Macht gegen Macht, die Uniform gegen die Uniform, der Rockknopf gegen den Rockknopf, der Helm gegen den Helm. Und

---

[10] Dr. Hugo Eick in Hamburg.
[11] Man denke an Spinozas Gegensatz von natura naturans und naturata.

Mützen, Helme und Röcke sind ebenso mächtig geworden, wie die fühlende Seele knirschender Ohnmacht aufstöhnt und vergewaltigt daneben steht. Und wie wir den Haß und den Zorn ‚organisieren', so organisieren wir Mitleid und Liebe.[12] Beneidenswertes Zeitalter der Sachlichkeit.

Wo seid Ihr jetzt, Alle! auf die Europa stolz ist? Wo?!

> Schmach Euch Heroen der Kultur, Ihr vom Ruhme des Alltags Verklärte
> Vierzig Unsterbliche Ihr der französischen Akademie
> Minski, Andrejew und Bjussow von Rußland noch gestern geehrte
> Kipling, Galsworthy und Shaw, großbritanischer Geist und Altirlands Genie
> Richter, so mußtet ihr sprechen, gen Rauben und Morden geschworen
> Ärzte, so mußtet ihr sprechen, zum Wohle der Völker bestellt
> Dichter, so mußtet ihr sprechen, zum Dienste des Schönen erkoren
> Denker, so mußtet ihr sprechen, wir wahren den Pol in dem Wahnspiel der Welt.

– Häckel, Ostwald, Eucken, Wundt, Simmel, Bergson, Boutroux, Husserl, Scheler, Kerr, Hauptmann, Dehmel, Hofmannsthal, Borchardt, George. ... Ich will nicht wissen, wofür Eure leuchtenden Geister in fünf, wofür sie in zehn Jahren sich bekennen. (Ach, ich höre sie schon, ich kenne sie schon, Eure Sophistikationen, mit denen Ihr die ‚Notwendigkeit der Stunde' rechtfertigend die Schuld und Verschuldung immer bei Andern sucht, nie bei Euch selbst), nein! ich will wissen, wie sie jetzt, *jetzt*, *jetzt*, in dem einen Augenblick, wo es gilt, ein hoher und wenn nicht ein hoher, so doch wenigstens ein guter und edler Mensch zu sein, wo es gilt, darzuleben, was man ist und sich selber treu zu bleiben, ich will wissen, was sie *jetzt* sind, *jetzt* bekennen.

> Reden jetzt mußten, nicht schweigen in Schlachten die Grazien und Musen
> Vor die Kanonen der Völker sich stellen die Ritter vom Geist,
> Fordern: Zerschmettert die Hirne, zerstört unsre zarteren Busen,
> Eh ihr das Metzgerhaft-Gräßliche tut, das euch völkisches Heldentum heißt.
> Daß nicht der einige Schrei der Empörung Europa durchrüttelt,
> Daß nicht das einige Nein! jeder Lippe der Braven entfuhr,
> Nein dieser Wahn soll nicht sein und wenn man uns totschlägt und büttelt,
> Das wird die Schmach des Jahrhunderts einst heißen, das Sklavensinn nur.

---

[12] Das Liebesleben der Menschen ist schon alles gewesen: Gottesdienst, Wissenschaft, Kunst, Geheimkult, Lebensfest, Ausschweifung, Garten der Zucht; es zur mechanischen *Genußordnung* herabzudrücken, an seite von Bier und Cigarren, *das* war der niederträchtigen Menschheit Europas vorbehalten.

XV. Wer wird siegen?

[...]

Niemals wohl in der Geschichte der Philosophie sind die beiden Ideale: Menschheitsglück oder Weltentsagung schärfer ausgeprägt worden als in Schopenhauer und Dühring. Wunderlich und widerspruchsvoll aber mutet es nun an, daß just der buddhistische Weltverneiner einer der glücklichsten, der europäische Weltbejaher einer der unglücklichsten Menschen unserer Tage gewesen ist.

Schopenhauer ist der einzige große Philosoph, der von früher Jugend an, ohne Zugeständnisse an Zeit und Zeitgenossen, ohne Erwerbsnot und Brotsorge, ohne Familienlasten und Arbeits-Pflichten, ohne jede Rücksichtnahme auf die Umwelt einzig und allein der Höher- und Ausbildung seines Selbst leben konnte. Von der Nutzlosigkeit sozialer Weltbeglückung überzeugt, (wenn er sie auch als Palliativ gegen die Leiden der Existenz zu schätzen weiß), war er Mitleidsethiker in der Theorie; aber verfolgte doch für seine Person nur selbstbezügliche Ziele. Unabhängig, wohlbemittelt, ohne Anhang feilte er rastlos und hastlos, con amore und ohne den banalen Ehrgeiz der gemeinen Eitelkeit an seinen wenigen aber auserlesenen Werken. Bis zu seinem Tode besaß er eine unverwüstliche Gesundheit und hinter alle seiner genialen Einsicht in die Nichtigkeit und das Leiden dieser Welt eine unverwüstliche Freudigkeit des Genießens. Ein außerordentlicher Menschen- und Lebenskenner war er doch im Grunde der Seele ein großes und naives Kind, und eine gewisse Grobdrähtigkeit seines Geistes verhütete, daß die scharfen Kanten und Stacheln, mit denen er die ganze Welt verwundet, je gegen ihren Eigner sich kehren konnten. So lebte er 73 Jahre das Leben eines buddhistischen Epikuräers und starb einen glücklichen schmerzlosen Tod. Vor allem hatte er das nie genug zu preisende Glück, nie unter die Fänge der modernen Inquisitionsknechte, der Zeitungsschreiber und öffentlichen Gelehrten zu geraten, nie eine Zeile für Zeitungen oder in Zeitschriften schreiben, noch überhaupt jemals nach der sogenannten öffentlichen Meinung und nach Wirkung auf andere fragen zu müssen. Nur wer die ganze Ruchlosigkeit dieses öffentlichen Eitelkeitsmarktes erfahren, die ganze Nichtswürdigkeit alle der mittleren Leisten und Könner, die Doppelheit ihrer Leistungen und ihres Menschentumes aus nächster Nähe gesehen und gelitten hat, nur der ins Joch solcher Preisgabe seines Selbst Geknechtete kann die ungeheure, nie genug zu rühmende Bevorzugung eines Schopenhauerschen Schicksals ermessen. Nach äußerer Gunst der Lebenslose war der große Weltverneiner einer der glücklichsten Menschen, die je über die Erde gingen.

Ganz anders aber blickt das Antlitz des großen Weltbejahers, Weltbeglückers auf die Nachwelt. Eugen Dühring war von Natur jeder ästhetischen Begabung, jeder religiösen Lebensart so entgegengesetzt, daß man ruhig sagen darf: nur ein praktisches, aktives, sozialpolitisches, staatsmännisches Wirken in weitester Öffentlichkeit hätte seinen besten Wesensseiten natürliche Atemluft gegeben. Und gerade diesen Mann drückte das Leben mit notwendiger Folgerichtigkeit in den ärmsten und äußersten Winkel. Die Universität stieß den ewig Unbequemen aus, die Politik hatte keine Verwendung für die tobende Rechtschaffenheit seines Nörglertums. Mit dreißig Jahren erblindet, mit vierzig entamtet und dem kleinmachenden und abbauenden Kampf gegen die Mücken der Brotsorge überlassen, hat der ehrgeizigste, machtwilligste aller Philosophen ein halbes Jahrhundert in einer dunklen Höhle gelebt und jedes Wort, das er für die Öffentlichkeit schrieb, in die Galle seiner verbitterten Existenz getaucht. Aus dem Radikalismus seiner anarchistischen Philosophie stöhnt ein furchtbar gehässiges, der Liebe entwöhntes Herz, in der hilflosen Ohnmacht erschöpfter Verzweiflung hinterm starren Panzer tiefverwundeten Stolzes vergletschert. Wenn er fünfzig Jahre lang in einer von ihm allein geschriebenen, allein gelesenen Zeitschrift allmonatlich der Welt die Mitteilung machte, daß er sie unendlich hasse, so litt schließlich dabei nur er selbst. Es gibt gewiß keine zehn geistig Schaffende, die er gelten läßt. Die ganze Welt erschien ihm wie eine Räuberhöhle, und doch kannte, anerkannte er keine andere Freude als die Freude, solange das Leben währt, und wähnte, mit dem Verstande nüchterner Wirklichkeit alle Geheimnisse und Tiefen des Unfaßlich-Elementaren völlig ausschöpfen zu können.

So ist denn der große Pessimist das Vorbild der Lebenskunst, der große Optimist das Urbild der Lebensmäkelei geworden. Der selbstgenugsame Weltbürger verkündete die Ethik des großen sich aufgebenden Mitgefühles und schrieb friedvoll beglückt die schönsten aller Sentenzen über das Leiden am Leben und den Schmerz der Welt. Der verärgerte verbitterte Menschen- und Lebenshasser dagegen belferte eine rachsüchtige Moral der Daseinsfreude und besserte an der Welt aus Freude an tobwütiger Vergeltung.

Das sind vielleicht zufällige Lebensbilder. Aber blicken wir doch genau in das Antlitz Asiens und in das Antlitz Europas. Wo ist der Mensch zufriedener, in sich vollkommener, harmonischer, schöner, reiner? Jene weltabgekehrten Glaubensideale haben allein vermocht, die wilden Bestien des Menschenherzens zur Ruhe zu singen. Sie haben das Glück der Bescheidung gepflanzt, als das einzige, das die Erde zu tragen vermochte. Sie allein konnten die immer neuen und immer alten Ausbrüche gehäuften Machtwillens und gehäufter Selbstgerechtigkeit hintan halten, die – ein nie endender Ozean von Blut, Tränen und Schweiß – den Inhalt der sogenannten Weltgeschichte bilden. Hat doch der letzte pessimistische Weltweise, den Deutschland besessen hat, Eduard von Hartmann, nach wohlausgefülltem Leben gesagt: „Wer glückliche Menschen sehen will, muß zu den Pessimisten gehen". Der europäische Fortschrittsglaube dagegen, der optimistische Entwicklungswahn hat die ganze Erde unglücklich gemacht. Mit unserer Lebens-Lehre und Lebendigkeitsphilosophie haben wir in Wahrheit das Leben hingemordet, mit unserer Philosophie der Aktivität, mit Aktivismus und Tatfähigkeit die freie Selbstentfaltung aller, außer unserer selbst unterbunden; mit unserer Predigt der Freude die naiven Kinder der Erde heimatlos gemacht. Unsere angebetete rationale Wissenschaft hat die Vorherrschaft demutloser, die Welt lenkender Ausbeuterkasten über die ganze Erde hin gesichert, der Industriekönige und Trustmagnaten Amerikas und Europas und aller jener glücklichen Besitzenden, die den Boden und das Kapital, die Machtwaffen und die Bildung, ja sogar das Können und Leisten längst unter sich aufteilten. Diese Art Mensch ist der Träger unserer Kultur. Für sie blüht eine Kunst, die die Leistung an Stelle des Herzens setzt und aufregende Sensationen erschafft, welche dennoch nie hinabtauchen in das Element des Lebens, nein! Enttäuschte stimulieren oder über Grauen und Ernst am Leben hinwegspielen. Für sie übermächtigt Wissenschaft die Erde. Ihre Macht heiligt der Priester; ihre Gewalt rechtfertigt der Gedanke. Macht, Gewalt, Erfolg werden zu Gottesurteil und Vernunft der Erde, welcher wohler wäre, wenn sie ungeweckt und dumpf, den Traum der Rousseau und Tolstoi erfüllend, kultur- und bewußtlos blühte und verblühte, als daß im sogenannten Frieden der moralische Maulheld, im sogenannten Kriege der heroische Faustheld das Tribunal der Werte bildet und die Schicksale der Erde auswertend bestimmt, als daß die bloßen Ausbeuter und parasitären Nutznießer, der Erde Herrenklasse sind; bloße Könner und Leister, Hirne und Hände ihre Vor- und Anbilder.

Erinnern wir noch einmal daran, daß nur Europa das trügerische Irrlicht Fortschritt und die verlogene Lehre von Auslese, Deszendenz und Entwicklung geschaffen hat. Vom kriechenden Plattwurm zum Reptil, vom Reptil zum Schimpansen, vom Schimpansen zum modernen Zivilisationsliteraten und von diesen tintebeschmutzten, von Druckerschwärze schwarzen Menschen der ‚Zivilisation' demnächst zu Heroen und Olympiern. Ja wahrhaftig! wer die Geschichte der christlichen Völker schreibt, schreibt die Geschichte dieses ‚Fortschritts'.

Das ursprüngliche Christentum aber kam aus Asien; Entsagung, Überwindung, Erlösung, Jenseitigkeit und Weltabkehr kündend. Was ist daraus geworden? Man mag billig bezweifeln, daß sich mit Akosmismus und Pessimismus leben lasse. Aber niemand kann bestreiten, daß die Entschiedenheit der Weltverneinung etwas Ganzes und Starkes ist. Das religiöse Ideal gipfelt in Erlösung vom Leben, seine Vollendung fiel zusammen mit dem Weltende. Das war groß, das war paradox. Aber viele Jahrtausende haben die Gedanken der alten Strenge entkleidet und haben sie hoffähig gemacht für den freudehungrigen Hof der ‚Frau Welt'.

Nachdem die Jahrhunderte der Scholastik den Gedanken eines der Materie innewohnenden, in Entwicklung und Veränderung begriffenen Gottes den Völkern geläufig gemacht hatten, konnte Luther die letzte Folgerung ziehen. Fest auf dem Boden der bewußten Wirklichkeit stehend und den Freuden dieser Erde nicht abhold, *europäisierte* er Asien und begründete das von Metaphysik befreite Christentum, aus dem die Aufklärungsphilosophie des 18. Jahrhunderts entwuchs, jene optimistische Entwicklungslehre, die man gern mit den Namen Wolff und Leibniz bezeichnet. Die Erben dieser Entwicklungslehren wurden Hegel und Darwin. Ihre Lehre entsprach dem Geiste *Europas.*

Was aber will nun diese europäische Menschheit? Sie hat in hundert Jahren die ganze Erde mit den Kindern ihrer Art übervölkert, hat ihre Technik, ihre Politik, ihren Militarismus, ihre Machtideale allen Völkern aufgedrängt. Nun haben diese Werkzeuge und Waffen zum Leben das Leben überwachsen und jenes Wort erfüllt:

> „Wer Leben sucht, wird das Leben verlieren, wer lebend stirbt, gewinnt das Leben."

Aber nicht unser eigentliches und letztes Selbst ist es, was wir jetzt darleben und mitmachen. Es ist die *Maschinerie* gegen die wir hilflos sind. Abgründe zwischen Leben und Geist gilt es zu füllen. Wirf Deine Liebe hinein!

Nichts liegt daran, ob, was wir lehren, *richtig* ist. Alles daran, daß wir das *Recht* haben, Das zu lehren, was wir lehren, Das zu leben, *was* wir leben.

Nun aber wünscht Ihr andere Philosophen, andere Dichter. Solche, die der ‚Notwendigkeit' ihren Wert, der ‚Macht' ihr Recht, dem ‚Schicksal' einen Sinn beweisen. Solche, die Gott als Gewalt lehren und den Erfolg und das Überlebenbleiben rechtfertigen als Auslese geschichtlicher Vernunft.

Nur so könnt Ihr fortwirtschaften, Kinder todgeweihter Welt, die *Wahrheit*, den *Tod* unter das *Leben* beugend, *Euer* Leben!

Leben aber ist euch lärmenden brüllenden Maschinen, euch selbstlosen selbstsüchtigen Gespenstern, euch starren Rechnern, euch frechbewegten Toten so zum Oberwert aller Werte, zur Norm aller Urteile geworden, daß die entgegengesetzte Geistesart nicht mehr verständlich ist.

Die ganze Philosophie Europas, seit Descartes und Kant, ruht auf der einen Tatsache: Menschheitsbewußtsein; darüber ist der Tiefblick verloren gegangen, daß das Lebendige umfassender ist als alles menschheitliche Bewußtsein, und daß es *mit*umfaßt dieses ganze Bewußtsein mitsamt seiner ganzen Bewußtseinswirklichkeit, die zuletzt in ihm niedertauchen und schwinden wird, wie Schaumflocke im unausschöpflichen Meer.

XVI. Ausblicke

> „The tree of knowledge is not that of life."

Zwei Bäume blühten im Garten des Paradieses. Nur von ihrer einem durfte der Mensch essen. Brach er die Frucht vom Baume der Erkenntnis, dann schwand mit dem Aufstiege zum Wissen die stille Einfalt vorbewußten Lebens. Brüchig, zwiespältig, doppelt geworden, mußte er mit der troischen Seherin klagen

> „Schrecklich ist es, Deiner Wahrheit

Sterbliches Gefäß zu sein."

Brach er aber vom Baume des Lebens, dann verzichtete er mit dem Tod auch auf Bewußtsein im Ich und blieb der vorbewußte Bruder der Elemente.

Noch heute blühen die beiden Bäume. Und wie das Band des Spektrums, das bunte, leuchtende, kurze, eingeschlossen liegt zwischen zwei Dunkelheiten, so ist die Welt, die wir Kurzsichtigen ‚die wirkliche' nennen, eingeschlossen von zwei dunkel unzugänglichen Welten. Sie liegt einmal eingesenkt in die Sphäre Leben; sie wird gekrönt von der Sphäre Wahrheit.

Leben, Wirklichkeit, Wahrheit, – Element, Bewußtsein, Norm – psychisch, psychologisch, logisch – vitalité, réalité, vérité – das sind die drei unableitbaren, unvereinbaren Sphären. Nur das mittlere Reich ist unser. Und es bleibt uns die bange Wahl, nach *welcher* unsrer beiden Grenzen wir blicken wollen.

Ist Wahrheit Sinn der Welt, so verzichte der Mensch mit Schein und Illusion auf alles, was sein Glück, ja seine Lebensfähigkeit ausmacht. Ist aber Leben sich selbst genug, dann lasse der Mensch von der frommen Lüge einer Wahrheit und eines Wertes, die etwas anderes sind als bloße Mittel zur Erhaltung und Erhöhung des Lebens.

Unsere Bewußtseinswelt, die wir die wirkliche nennen, ist weder Geist noch ist sie Leben. Sie ist Verwirklichung des Geistigen am Lebendigen. Wirklichkeit ist so wenig Leben, daß umgekehrt das Lebendige sich wie in einer Sackgasse in unsrer Bewußtseinswelt verfängt und aufhebt. Und Wahrheit ist so wenig aus Wirklichkeit *entstanden*, daß umgekehrt die Wirklichkeit, d. h. die mechanische Bewußtseinswelt, erst an Hand der rationalen Sphäre erfunden wird.

Indem wir nun auf dem Boden dieser unsrer Wirklichkeit Heim und Hafen fanden, schweift nach *zwei* Seiten unser Blick. Zum Endziele: Geist oder Wahrheit. Zur Urquelle: Leben oder Element.

Blicken wir nach vorwärts, auf das Endziel, gleich Buddhas *Wert*religion, dann können wir uns nicht der Entdeckung verschließen, daß das Endziel der Welt immer nur ein negatives sein kann, daß die an hand von Wahrheit verwirklichte Welt, Todesweg, Sackgasse, Entropie des Lebens ist, davon der Dichter singt:

„Es muß die Menschheit ringen nach dem Ziele,
Bei welchem angelangt die Welt zerfiele."

Entsetzt von dieser Wahrheit des ‚Nirvana' blicken wir nunmehr nach rückwärts: Auf Urschoß, Mutterquell, Urelement, gleich Griechenlands *Lebens*religion; – dann finden wir in Rausch, Mythos, Traum und Überschwang unseres Lebens Kern, dann wünschen wir auf „Endziele" verzichtend, nichts als ewiges Spiel ewiger Gegenwart, gleich Kind, Dichter, Blume, Schmetterling.

Aber die Not, der Schmerz, weckt rauh aus jedem Traum. Weder Nirvana noch Dionysos kann uns betrügen.

[...]

August 1914 riß ein Schleier. Hinter der Kulturmaske zeigt sich die Bestie. Die kluge, alles könnende, alles wissende, alles leistende, die Erde übermächtigende Bestie Europa. Europa, sein Christentum, seine Heldenmoral, seine Entwicklungsethik, sein Fortschritt und sein Glück steht jetzt nackend vor aller Augen. Alle Menschen Europas, die jungen blühwilligen, hoffnungsfrohen, sind in eine riesige blinddraufloswütende wohlorganisierte Maschine geworfen oder stürzen begeistert sich selbst hinein, im Heldentum des Unsinns, im todgeweihten Lebensrausch, vor dessen Schönheit man beten möchte: ‚Glückauf zum Untergang!'

Einige wird die ungeheure Vernichtungsmaschinerie wieder ausspeien, verstümmelt oder krank. Hunderttausende wird sie zermalmen. Keiner von uns weiß, ob er übrigbleibt. Wer aber sicher übrigbleiben wird, das sind die Kulturkokotten Europas: seine „großen Männer", alles, was da jetzt redet und schreibt, schreibt und redet, den Weltbrand zum „Erlebnis" macht und an seinen Flammen seine Suppen kocht und sich wichtig fühlt. Dieses ganze Gesindel wird bleiben. Weiter denn weiter, mehr oder minder hochverehrte Zeitgenossen, lügt und betrügt euch weiter mit den Ammenmären und Arbeitshypothesen eurer Wissenschaft, mit den Rausch- und Traum-Surrogaten eurer Kunst. Weiter, denn weiter, mehr oder minder heißgeliebte Miteuropäer. Lügt in die Natur die erfolgrechtfertigende Entwicklung, in die Geschichte den Gewalt vergottenden Sinn. Lügt euch hinweg über die Ohnmacht eurer Sklavenlose und den hoffnungslosen Ernst dieses Lebens. Und könnt ihr euch nicht mehr raten, nun, so lauft zu euren Könnern und Leistern; krönt sie die Tausende Prostituenten menschlicher Begabung, die Esprit- und Kultur-Huren eurer sogenannten Geistesgeschichte. Heute schmieden sie – alle, alle! – die patriotisch-nationalistischen Ideale, die ihr *heute* nötig habt. Morgen werden sie alles vergessen haben, was sie zur Stunde orakeln, werden sich ihrer „Entwicklung" rühmen und daß sie „umgelernt" hätten und vielleicht die sozial-revolutionäre, die internationale, die weltbürgerliche Phrase lallen, die ihr *morgen* gerne hört. Übermorgen aber, wenn die Glocken läuten, werden sie mystisch-metaphysische Abgründe in ihren Seelen entdecken und mystagogisch gegen allen Fortschritt und Freiheit des Geistes zetern. Just wie Ihr Beifall zollt, mehr oder minder hochverehrte Zeitgenossen, just, wie Ihr's haben wollt ...

[Auszüge aus: Theodor Lessing: Europa und Asien, Berlin 1918. (Titel der dritten, komplett überarbeiteten und erweiterten Auflage von 1924: „Untergang der Erde am Geist – Europa und Asien")]

Theodor Lessing:
Die verfluchte Kultur der Maschine

Theodor Lessing: Die verfluchte Kultur der Maschine

I.

[...]

Im Jahre 1750 erließ die hohe Schule zu Dijon ein Preisausschreiben: „Es solle untersucht werden der Einfluß der Künste und Wissenschaften auf die Entwicklung des Menschengeschlechtes.“ Und als ob sich’s von selber verstünde, so erwartete man das übliche Loblied auf des Abendlandes Fortschritt, Geistesbildung und Kultur. – Unter den Antworten aber befand sich auch die Schrift eines Unbekannten, welcher behauptete: „Geist ist eingedrungen in die Natur, wie das Messer dringt in eines Baumes Mark. Nunmehr freilich kann die toddrohende Schneide nicht aus dem Stamme herausgezogen werden, denn der Baum würde dabei verbluten. Aber niemand darf behaupten, daß ein Schwert im Herzen der Weltesche das Merkmal sei für ihre Gesundheit.“

Dieses wunderliche Bekenntnis bekam den Preis. Der es ablegte, hieß Jean-Jacques Rousseau und hatte bis dahin als Gärtner, Diener und Schreiber ein mühseliges und notiges Leben gelebt. Aus seinem Ruhme erblühte das Zeitalter der Kulturflucht. Dichter und Träumer, von Chateaubriand bis Lenau, flohen aus des Abendlandes machtwachsenden Städten in Virginias noch jugendfrische Wälder, in Afrikas traumschwere Savannen, in die himmelnahen Gebirge Asiens oder zu den weltverlorenen Inseln der Südsee. Sie entliefen den ihnen widerwärtigen Masken, Spiegeln und Käfigen der Kultur.

Was aber ist das: Kultur?

Sprechen wir von Kulturpflanze und Kulturtier, Kultur des Ackers oder des Leibes, immer meinen wir: bewußte Pflege und Bindung, immer: gewolltes Bändigen eines Naturtriebs; immer: die Übermächtigung des Lebens durch den Geist. – Die endlos unerdenkliche Flut des Lebens soll sinnfällig berechenbar *gemacht* werden, wie die Musik ein nur fühlbares Klanggewoge auffängt und formend bindet in die geistige Freude zahlenmäßiger Harmonie.

[...]

II.

[...]

Binnen zweier Jahrtausende ist der Wald und das Meer und die ganze blütenvolle Erdenschöne zum Schemel des Menschen geworden. Der sogenannte kaukasische Mensch steht seit 400 Jahren im Begriffe, die Erde zu unterwerfen. Und seit 100 Jahren hat sich auch die Anzahl dieser abendländischen Menschen mehr als verdoppelt. Denn während um 1800 nur ungefähr ein Sechstel der Menschheit europäisch-amerikanischen Ursprungs war, ist es gegenwärtig mehr als ein Drittel. Dabei vermehrte sich seit 100 Jahren die Zahl der Erdenmenschen unsinnig von 900 auf 1600 Millionen, und dürfte in den nächsten 100 Jahren noch unvergleichlich schneller anwachsen. Die Zeit ist nahe, wo die letzten Naturvölker: Afrikas edle Negerstämme, Beduinen, Polynesier, Indianer, Feuerländer, Papuas, Eskimos, Grönländer allesamt vor der Zivilisation dahinschmelzen. Die Welt ihrer Götter, Holden und Alben, ihre Zauberei und Magie gilt uns für Aberglaube. Wir blicken auf die kindliche Handschrift ihrer Lebensformen und spüren nicht den Herzschlag, der in ihnen schlug. Nur als unwissende Vorstufe unserer eigenen Welterklärung findet der heidnische Mythos und seine phantastischen Götter noch eine gewisse gutmütige Anerkennung.[1]

Eine grausam unerbittliche Maschine walzte Kultur dahin über Sage und Traum, Musik, nackte Schönheit, Sonnen- und Sternenglaube, Baumkult, Feldkult, fromme Einfalt, Sinnbild, Sitte, Brauch, Sang und Lied. Längst hinweggewischt und geschwunden ist die gesamte Tierwelt Europas, deren Abbilder wir noch finden in den Höhlen von Perigord und Dordogne in Südfrankreich oder, eingeritzt und in Oker ausgemalt, in den Felsen der Pyrenäen: die gewaltigste Tierwelt der Erde. – Was ist in Deutschland binnen 100 Jahren vom Erdboden weggeknallt? Auerochs, Tarpan, Wisent, Bär, Lux, Wolf, Elch, Wildkatze, Biber, Otter, Marder, Nerz. – Demnächst auch: Eber, Wiesel, Dachs und Fuchs. Von mehreren tausend Vogelarten blieben wenige hundert übrig. Schopfibis, Alk, Kormoran, Edelreiher, Steinadler, Uhu, Schwan, Schwarzstorch, Kolkrabe, Falke, Kranich, Lumme; alle dieses volle Gestaltenleben ist bei uns Märchen geworden und Sage. – Zu diesem Frevel am Tier, welch unerhörter Frevel an Aue und Wald! Die Einöden Syriens, Griechenlands, der jonischen Inseln, einst der Erde reichste Gärten; die Abhänge der Provence, heute Felsen- und Murentäler, aber einst geheimnisrauschender Wald; Kleinasiens steinigte Kalkwüste, einst voller Blumen ein Gartenland; der leichenhafte, todtraurige Karst, ausgemergelt von der Habgier venetianischer Krämer, deren stolze Stadt, verschlammt und versumpft aus dem Meere ragt wie ein nächtiges Gespenst abendländischer Geschichte; bald auch unser morgendliches Deutschland, in Haide, Stoppel und Steppe verwandelt, ... alle diese geschän-

---

[1] Auguste Comte.

deten Erdstriche zeigen, wie die Natur am wälderverwüstenden Menschen sich rächt, der die blühende Lebenswelt vermarktet, verkrämert, verhandelt.

> Aber wir ein schwarzer Samen
> Lügner, die zu Worten kamen
> Tatlos Tauscher, Tuer, Täter,
> Weltzernenner, Waldverräter
> Morden Gott und uns mit Namen, Namen.[2]

Und so ward grau die Welt! Bald wird sie aussehn wie ein einziges Europa: ein wohlbestelltes Schachbrett der Kultur; Äcker, Wiese, Felder, Wald, bewirtschaftet von Bildungsmenschen und dem, was ihnen nützlich ist, wie Pferd, Kuh, Schaf und Edelschwein. Und wie alle diese Kultur begann mit einer zweckmäßigen Erwerbskunde des Tötens zu Jagd- und Beutezwecken, weit über unmittelbaren Bedarf der Jagenden hinaus, so wird sie schließlich enden in ungeheuren Speichern des Todes, angefüllt mit des großen menschlichen Zweckmarktes Millionen ‚Werten'.

Hören wir einige Zahlen.

> „Im antarktischen Meere wurden die großen Seelefanten, harmlose und zutrauliche Tiere, in den letzten Jahren völlig vernichtet. An der patagonischen Küste erschlägt man jedes Jahr etwa 40000. Ein Bulle liefert etwa 800 Kilogramm Speck. Man treibt die gutmütigen Tiere mit Peitschen, die man aus ihrer Haut schneidet, an Land, wo sie nur schwerfällig sich bewegen und man sie leicht erschlagen kann."
>
> „Die Kopenhagener Aktiengesellschaft zur Betreibung von Walfischfang nach wirtschaftlicher Methode abmetzgerte im letzten Jahre dreihunderttausend Walfische, die auf schwimmenden Fabriken aufgesucht, harpuniert und zerwirkt werden, denn damit die Jagd sich lohne, muß ein Fangschiff etwa 100 Wale erlegen, deren Teile dann abgeliefert werden in den europäischen Häfen, wobei man etwa 400 Prozent Reingewinn hatte."
>
> „Man erschlägt in jedem Jahr 10 Millionen Robben. ..." Nein! ... Man erschlägt sie nicht. Das wäre nicht wirtschaftlich. Man zieht den Lebenden das Fell vom Leibe und läßt sie liegen. Sie sterben von selbst. – „Damit die Damen in Europa und Amerika Vogelfedern auf den Hüten tragen, rupft man für die Mode in jedem Jahre 300 Millionen Sing- und Seevögel; Möwen, Schwalben, Edelreiher, Kolibri ..." „Da die Federn nur beim lebenden Tiere den Glanz bewahren,

---

[2] Franz Werfel, Gerichtstag.

rupft man Schwanz- und Flaumfedern den Lebenden vom Leibe; sie sterben unter gräßlicher Qual; jedes Jahr 300 Millionen."

„Damit wir Taschenkämme, Stockknöpfe, Zahnstocher, Billardkugeln und ähnlich nützliche Gebrauchsgegenstände kaufen, werden jährlich 800000 Kilogramm Elfenbein verarbeitet, das heißt, man metzgert nieder 50000 der mächtigsten Geschöpfe der Erde."

„Es naht die Zeit, wo der asiatische Elefant verbraucht sein wird gleich den großen Schildkröten und Pelztieren, gleich Wildpferd, Nashorn, Antilope, Gnu; gleich Raubvögeln und den Büffelherden Amerikas, von denen Millionen ausgerottet sind und noch einige hundert künstlich gehalten werden im Park von Yellowstone."

„In unsrer Jugend hörten wir in den Feldern die Wachteln. Wie selten werden sie. Allein in Ägypten tötet man jedes Jahr 3 Millionen."[3]

Es gab einmal einen deutschen Wald. Da grohnte die Schnepfe. Da sang der Urhahn. Da schlugen Sprosser und Fink. Im Himmelsblau schwebte der Adler. Der Falk rief. Die Taube gurrte. Wodan gab Raum Habicht und Taube, Eule und Rabe. Nicht der christliche Mensch. Der will allein sein. Hunderttausende Tier- und Pflanzenarten könnten wir nennen, die dahingeschwunden sind. Auf immer.

„Furcht und Schrecken vor Euch soll kommen über alle Tiere auf Erden und über alle Vögel unter dem Himmel; über alles, was sich auf Erden regt und über alle Fische des Meeres. In Eure Gewalt sind sie gegeben." So redet Jehova zu Noah und Noahs Samen, als er den Bund schließt mit dem Menschen.

Milliarden erdgebundener dumpfer wort- und wehrloser Wesen sind dahingemordet. Denn wo immer der Mensch nackend der Natur gegenübersteht, da unterliegt er kläglich. Als der Erde anfälligstes Geschöpf muß er die Erde morden, um sie ertragen zu können. Der Scholle hilflosestes Wesen wurde grade vermöge dieser Hilflosigkeit zum Erfinder einer ungeheuren Maschinerie. Und vermöge dieses Macht- und Rüstwerkes (die Hand eines Kindes kann es meistern), erkühnte sich der Mensch zum Gewaltherrn über alles große und starke Leben. ...

Millionen dunkler Hindu, seit Jahrhunderten haben sie kein Tier getötet, keines gegessen, werden heute spielend unterwürfig gehalten von einer handvoll europäischer Bildungsmenschen: einigen rassigen englischen Kapitänen, Ingenieuren und Unternehmern. Diese haben ja Lyddit, Dynamit, Ekrasit. Sie sind Götter der Erde. Indessen spricht der arglose Pariah vor jedem lebenden Geschöpfe das

[3] Der Tier- und Menschenfreund, Allgem. Zeitschrift für Tierschutz, Jahrgang 36 (1916) Nr. 7-10, Jahrgang 37 Nr. 1 u. 2. – Ludwig Klages in der Festschrift der freideutschen Jugend zur Jahrhundertfeier auf dem Hohen Meißner 1913.

dunkle: „Ich bin Du“;[4] betet der Buddhaist täglich das Mettasutta im Suttanipâtâ, das schönste Gebet der Erde: „Mögen alle Wesen heute schmerzfrei sein.“

Angesichts dieser unermeßlichen Leichenfelder der Bildung, was kümmert uns jenes winzige Schlußstück, welches wir jüngst vor Augen hatten, unser sogenannter Weltkrieg!

In runden Zahlen ausgedrückt kostete er von 1914 bis 1918 ungefähr zehn Millionen Menschen das Leben. An Geld kostete jede Sekunde seiner Dauer etwa 6000 deutsche Silbermark. Jede Minute eine halbe Million. Jede Stunde dreißig Millionen. Mit jedem Tage seiner Dauer gingen Werte von 700 Millionen Mark für die Erde verloren. Mit der Hälfte dieser im wörtlichen Sinn verpulverten Kraft hätte man die Wüste Sahara in einen blühenden Garten verwandeln, den Atlantischen Ozean untertunneln können, hätte aufkaufen und urbar machen können halb Patagonien, Chile und Brasilien, hätte jedem deutschen Jungen ein kleines Fürstentum sichern können. Alle diese Milliarden Goldes brachte man spielend zusammen, als es galt, die Jahrhunderte geweihten Münster der Gotik, die unwiederbringlichen Schlösser des Barock in Trümmer zu schießen; als man aber jüngst bemüht war, für Deutschland das verfallende Haus zu erretten, darin Goethe geboren ward und aufwuchs, da erbettelte man mit Mühe die wenigen hundert Mark vergeblich.

Sicher aber hat jener englische Staatsmann recht, welcher jüngst sprach, das echt europäische Wort: Der Weltkrieg war ein Geschäft, das sich nicht bezahlt machte.

Für einige Kreise immerhin hat auch dieses Kulturgeschäft sich bezahlt gemacht. Zum Beispiel für jene amerikanische Aktiengesellschaft, die während des Krieges auf den Kerguelen eine Betriebsstelle errichtete zur Jagd auf Seelefanten. Es wurden die letzten hunderttausend der armen Tiere erschlagen. Man gewann so viel Tran, daß man alle Märkte der Erde hätte versorgen können. Da kam zum Glück die große Hungersnot. Um ein möglichst gutes Geschäft zu machen, schüttete man kurz entschlossen neun Zehntel der Vorräte ins Meer. Den Rest brachte man auf den Markt. Dank der Volksnot mit tausendzinslichem Nutzen. –

Überall speichert die Kultur weit mehr auf als der Mensch vertragen kann. Die Ernährungswissenschaft sagt, daß von den unausgenutzten Eiweißkörpern und Kohlenwasserstoffen, welche in einem einzigen Londoner oder Pariser Schlemmergasthof unnötig durch überernährte Leiber gejagt werden, Hunderte zu leben vermöchten, die vor den Fenstern der Verschwenderwirtschaft sterbend und verderbend im Froste stehn.

Was ist der Panther gegen dieses Raubtier: ‚Geist'.

Es geschah jüngst, daß die unfähigen Staatsleiter Deutschlands ein altes verschüttetes Kohlenbergwerk, wie man in der Geschäftssprache sagt, ‚sanieren' wollten. Darum boten sie es aus, und ein Großherr der Gewerbe fand sich bereit,

---

[4] Tat tvam asi, „Das bist du“. Brâhmò smi, „Ich bin All“.

es wieder in Betrieb zu setzen, machte aber die Bedingung, daß trotz der verfügten Kohlensperre die Hälfte der aus jenem Bergwerk gewinnbaren Kohle ihm zu freier Verfügung verbleiben dürfe. Man ging darauf ein. Und der hochfliegende Berechner fragte sich nun: Wie kann ich mit dem mir plötzlich verfügbar gewordenen Machtmittel jetzt am zweckmäßigsten wuchern?

Zunächst erwirbt er das schwer darniederliegende Holzfasergewerbe Westpreußens und beschließt, Papier zu machen. Die Wälder einer Landschaft werden abgeschlagen; Holzpapier hergestellt. Darauf kauft der Meisterrechner so viele Tageszeitungen, als er vermag. Und nun beginnt sein Geschäft.

Die gesamten Papierhersteller sind abhängig von seiner Belieferung mit Kohle. Die Zeitungen wieder sind abhängig von der Belieferung mit Papier. Aber die Zeitungen gehören ihm. Das Papier gehört ihm. Die Kohle auch. Wollen andere Zeitungen als die seinen weiter erscheinen, so müssen sie dazu von ihm das Papier erwerben; natürlich zu Riesenpreisen. Wenn also irgendein Gegner auf Druckpapier ihn bekämpft, so verdient er daran; denn grade die Mitbewerber schaffen ihm den Reichtum; je mehr es werden, um so besser. Indessen erfrieren deutsche Mütter, deutsche Kinder. Die Kohle mangelt im Vaterland. Die Forste Westpreußens sind auf Menschenalter geschädigt. Der Wald ward Zeitungsgebälge. Aber wer die Zeitungen besitzt, der besitzt die öffentliche Meinung.

Welch ein ‚Geschäft' ist dies? Ist in dem sogenannten freien Volksstaate Deutschland solches Gründer- und Schiebertum geächtet mit der Schmach der Jahrhunderte? – Unsinn! Gefühlsduselei! Wer so rechnet, wird Berater deutscher Volkswirtschaft. Und mit Recht. Von dieser Art sind alle: Europas und Amerikas ‚große Männer'. Männer, die ‚in das Leben hineinpassen'. Die auf dem gesunden Boden der gesunden Wirklichkeit stehn. Praktische Männer. Realpolitiker. In ihren Mußestunden fühlen sie kosmisch. Und empfehlen Franz von Assisi. ...

Wo aber auf der Erde gibt es Mord- und Raubwesen, so unsagbar grausam wie die Menschenvernunft und ihr ‚Geist'?

> „Wilde Tiere gibt es nicht", – schreibt einer der größten Jäger, – „aber manche Tiere werden wild, wenn sie gejagt werden. Ich kenne Fälle, wo ein kleiner Hirtenjunge einen Tiger auf die friedlichste Weise aus dem Gehöft herausgedrängt hat; und ich selbst bin Panthern begegnet, die um das Herannahen des Menschen sich überhaupt nicht kümmerten, sondern ruhig liegen blieben, während ich vorüberging. Ich habe auch die Jungen von vielen wilden Tieren erbeutet, von Tigern, Panthern, Löwen, Bären, Wildschweinen, Bisons und den verschiedensten Antilopenarten; sie sind so zutraulich wie das Vieh in unsern Ställen; aber in manchen Gegenden, wo sie verfolgt wurden, sind sie zu wütenden und scheuen Tieren geworden. Wo der Pfau als heiliges Tier gilt, wie in Raputana, ist er so furchtlos wie die Hühner bei uns auf dem Hofe und läßt sich mit den Händen greifen, aber in den Gegenden, wo er verfolgt wird, ist kein anderer Vogel so schwer aufzuspüren. ... Es gibt Schlangenbändiger,

welche mit den gefährlichsten Riesenschlangen zusammenhausen und mit ihnen scherzen, ohne je ihren Giftzahn fürchten zu müssen. Man fürchtet in manchen Gegenden den wilden Tiger weniger als man bei uns einen Marder oder rauschigen Eber fürchten muß."...

Die Natur wurde unser Feind überall dort, wo wir nicht mehr ihr zugehören, sondern sie, als ‚geistige Wesen', zu unserm Sachwert und Gegenstand gemacht haben, indem wir selber, aus dem Element fordernd herausgetreten, alles Leben als Geschehnis in der Zeit und mithin als eine tote Maschine betrachten. „Warum doch fürchtest Du Dich?" fragt Swami Vivekananda, „da Du selber das *bist*, was dich fürchten macht." –

Zu einem Brahmanen kam ein Jünger und klagte: „Wie ungerecht und grausam ist diese Erde; meinen Bruder, das reine Herz, hat die Kobra gebissen." Aber der Weise erwidert: „So hat er wohl doch nicht die ganze Schlangenwelt mit ganzer Liebe umfaßt." –

Wie immer auch die Ideale des christlichen Kulturkreises lauten, – Vergottung, Emporgottung des Menschengeschlechts, Vergeistigung der Erde, Vermenschlichung der Natur, Erlösung des Elements, vollendete Logik, vollendete Ethik, – ihr Erfolg war stets: Verfestigung des Elementarisch-flutenden[5] zu starrer Bewußtseinswirklichkeit in Raum und Zeit, das heißt: zu einer menschlichen Wert-, Zweck- und Willenswelt. ... Dafür sind Ehrfürchte und Urschauer geopfert, bacchische Räusche, Überschwänge der Vorwelt. Die langsam erkaltende und vergeistigte Erde gehört den nüchtern rechnenden Handels- und Säbelimperien. Jenen Raubstaatereien, welche Einfalt und Landschaft, Einsamkeit und Schlaf mählich zerstören zugunsten ‚menschlichen Fortschritts'.

Die Geschichte der Siedelungen Europas, der britischen in Hinterindien, auf Ceylon, Singapore, in Kanada und Hongkonk, auf Gibraltar, Malta, Cypern und in Ägypten; der lateinischen, spanischen und französischen in Mexiko, Cayenne, Peru, Bolivia, Algier; der deutschen auf Samoa und in Südwest-Afrika; was ist sie? Eine Kette rücksichtsloser Vergewaltigungen und Erpressungen unter dem Deckmantel: Kultur. Die Geschichte der christlichen Bekehrung, trotz all ihrer Glaubenshelden und Martermänner, was ist sie anders als eine lange Kette von selbstgerechter Dummheit und Dünkeldemut?! ...

Überall erscheint dieser demutdünkelhafte, liebesäuselnde christliche kaukasische Mensch, dieser Nomade in der Wüste der Mechanik, als der Erde selbstgerechtester Verwissenschaftler und Verwillenschaftler. Als der machtwillige Übermächtiger und Vergewaltiger alles schutzlos stillen Lebens. – Mittels Schießpulver und Buchdruck, der satanischen Erfindungen des deutschen Geistes, zerstampft er den Schlaf der Erde, schlägt nieder die Eichen Virginias und die Tannen Norwegs und macht daraus bedrucktes Papier. Von Indien bis nach Korea

[5] Âtman = das *Elementarische* (von an = atmen). [...]

und Japan macht er Menschen von der Schönheit stummer Blumen, gleich uns zu Rechnern und Schwätzern. Auf Upolus, wo schuldlose Naturkinder, welche wir vergiften mit Branntwein und Lustseuche, Geldmarkt und Machtgierde, wo schuldlose Naturkinder uns Deutsche nennen: ‚Papalagi, Zerbrecher des Paradieses'; bis hin zu den fernen Handelsplätzen am Amazonenstrom, wo die letzten Indianer und Neger nicht anders gehalten werden als die Lama- und Kamelherden des Plantagenkönigs, überall ist die Erde überspannt von dem riesigen Gewebe rechnender Zweck- und Gewinnlust. Vom Nutzen abgenutzt. So handfertig als kopffertig. So ausdeutbar als ausbeutbar. Verwortet und verwertet.

[...]

VI.

[...]

Wer in der Wissenschaft unsrer Erdhälfte heimisch ist, dem erscheint die Welt unabwendbar unter dem Bilde des Kampfplatzes miteinander hadernder Energien oder als das Bild des Handelsmarktes, beherrscht vom Gesetz des kleinsten Kraftaufwandes; gelenkt vom Ideal der billigsten Selbsterhaltung.[6]

Unsere Wissenschaft vermag das Lebendige schlechterdings nur unter dem Bilde der Kraft zu betrachten, als Gefälle oder Funktion, als Dynamik oder Betrieb der Zeit.

„Denken ist Rechnen in Worten" ... hat der erste europäische Logiker gesagt.[7] Aber ursprünglich bedeutete das Wort „Wissen", das indische veda, nichts anderes als Gesicht oder Schau.

Man darf nicht wähnen, daß das Morgenland ‚denke' in unserm Sinne. Das Denken Indiens ist gesteigerter Lebenszustand, vergleichbar jenem Hellfühlen, welches einzelnen vielleicht erlebbar wurde unter Einwirkung von Morphium, Kola oder Äther.

Diese Erkenntnis steht dem Traum ungleich näher als dem denkenden Tageswachbewußtsein. Träume sagen unmittelbar was ich *bin*. Ob mein Leib gesund ist oder krank, gehemmt oder frei, fiebernd oder erschlafft, davon sind Träume die unmittelbaren Spiegelbilder. Jeder Gegenstand wird im Traume zu meinem Zustand.

Dementsprechend ist das morgenländische Denken nicht abstrakt, nicht ‚intentionales Denken'. Nicht mechanisch, nicht gegenständlich, sondern es denkt in Symbolen, wo wir als Begriffler und Geistler uns durch Analogien verständigen.[8]

---

[6] Newton faßte dies sog. Ökonomiegesetz in die Formel: „maximus effectus minimo sumptu" (Mach).

[7] Hobbes.

Daher ist im Morgenland die erste Bedingung zum Philosophen ein langes Üben im Schweigen. Raya-Yoga und Kasina-Übungen; Übungen im Aufsammeln und Beherrschen des Atems und jene Versunkenheit, bei der der Schauende die Silbe om (unser Ur-) durch den Körper gleiten läßt. – Bei uns ist die erste Bedingung zur Philosophie der Verbrauch an Atem und die lange Übung im Reden. Unser Begriffsrüstzeug, die Rechenmünze nie entspannten Geistes,[9] ertötet unser Volkheit anschauend einbildende Kraft.

Wir vergliedern alle Blumen; aber stehn nicht still vor der *einen* Blume. Man irrt, wenn man hinter den Naturkulten Asiens sucht die Verehrung von ‚Naturkräften', von Sammelbegriffen wie etwa der Sonne, des Mondes, des Feuers, der Schlange. Die Gottheit des zunehmenden Mondes ist eine andere als die des abnehmenden; die aufgehende Sonne hat ein anderes Antlitz als die untergehende. Wahrscheinlich handelt es sich, ähnlich dem Mythos der Griechen, um die Erahmung ganz begrenzter, ganz bestimmter und immer *anderer* Gestalt:[10] der bestimmten Quelle, des jeweils geliebten Baumes, des dem Beter vertrauten Tiers.

Unsere ‚Geistigkeit', aufs ‚Allgemeine' gerichtet, entbehrt dieser sinnfälligen Anschauung des Einzelnen. Wir lesen gedankenlos in der Zeitung, daß zehntausend Feinde erschossen sind und hängen die frohen Fahnen an die Giebel der Häuser. Denn wir *sehen* sie nicht, die zehntausend ‚Feinde'.

Am fernsten Himmelsrande unsrer Kultur schwebt als ihr letztes in unendlicher Annäherung erreichbares Ziel das grauenhafteste aller Vernunftideale: Leibnizens „lingua mathematica universalis“ (dieses Gegenstück des brâmavidya): der Tod der Musik, der Sprache und des Volkes.

Der letzte Kern alle dieses Wissens ist der Wille: dank des Wissens die Natur *machen* zu lernen. Denn man ‚weiß' nur, was man machen kann. Wo aber der Mensch erkennt, da ist er, was er erkennt. Erkennen ist Liebe. Geist verhält sich zu Erkenntnis, Vernunft zu Liebe nicht anders, wie Mathematik sich verhält zu Musik.[11]

VII.

[...]

Als im Jahre 1914 eine nordfranzösische Stadt zu Trümmern geschossen wurde, blieb mitten auf dem Markte ein aus Eisenhärtel gebautes Warenhaus stehen. Das hieß *au bon marché*. Rundum Plätze und Straßen waren ein Schuttmeer. Nur das Kaufhaus hielt stand. Und in seinen Glasfenstern prangten zur Schau die gepriese-

---

[8] Symbol kommt von symballein, Zusammenfallen; Analogie heißt Ent-*sprechen*.
[9] Vitakka; Geistesspannung.
[10] Brâhmavidya; Wesensschau; älteste Form unserer: Universalen Charakterologie.
[11] ‚Geschichte als Singgebung des Sinnlosen'.

nen Erzeugnisse des ‚Komfort': Bronze und Steingut, Seiden und Spangen der Frauen, Hausgestühl, Teppiche; alle Erträgnisse des Erwerbs und Gewerbefleißes. Nur schade: Es war keiner da, welcher kaufen konnte. Ringsum fror Tod. ...

Mancher Hoffnungsfrohe hegt die Überzeugung, daß der Geist, gleich der Lanze des Achilleus, die Wunden, welche er schlägt, auch zu heilen vermöge. Das zu dinglicher Wirklichkeit geronnene Leben könne wieder aufgetaut und zum Ansatz neuen Aufbaus werden, sei es durch neue sachliche Schöpfung, sei es mit den Mitteln der Staatskunst, des Werktums und der Wirtschaft; sei es endlich durch Vernunft oder reinere Sitte.

Keiner dieser Wege führt aus der Wirre. Grade das Glücks- und Fortschrittsdenken, seine Wahrheit und sein Recht, hat das Leben und seine Freude ertötet, indem der Mensch, selbstlos geworden, als ein sachlich abgenützter und verbrauchter, sich hin verschenkt an eine Tatwelt der Willenswerte, welche, wie Rosen ein Gerippe, zuletzt nur verhüllen die Verstarrung und Zerfetzung unsrer Seele. ...

In diesem Augenblick (1921), was *sind* die Menschen Amerikas und Europas? Alle, ausnahmslos, rühmen sich der Persönlichkeit. Alle predigen Freiheit und reden die selbstgerechten Worte des Geistes, die Worte Kants, Luthers, Lagardes, Fichtes.

Die großen geistigen Persönlichkeiten im gegenwärtigen Deutschland,[12] im Grunde stimmen sie alle für das Wiegenlied des neuen Weltalters die selbe Saite, darauf bisher nur die Sterbelieder der früheren Weltalter gesungen wurden: Wahrheit – Wille – Geist – Vernunft! In Frankreich, England, Amerika, Australien überall ertönen dieselben Schwüre: Eiserne Nerven! Angespannter Wille! Arbeit! Zucht! Menschheitsziel! Und alle Völker brennen von Entschlossenheit zu Gott und zu Geist. Was aber ist denn der Nutzen von alle diesem Nutzen? Was der Wert alle unsrer Werte?

Wir *sind* nicht diese Kultur; sondern wir dienen ihr. Sie ist nicht Offenbarung eines Lebens, sondern das Notwerk eines Wollens. Wir sind die Hörigen alle ihrer Güter und Werte: der Wahrheit, des Rechtes, des Vaterlandes, des Staates, der Familie, der Ehe, der Menschheit. Im Dienste alle dieser idealen Gewalten wurde das reale Leben zur allerrealsten *Hölle*.

Wer in dieser ebenso lauten als liebearmen Vernunftwelt hat noch einen Willen? Selbst der eiserne Wille eines Ludendorff und Hindenburg ist der Wille von Sklaven.

Wollen wir den Krieg? Wollen wir die Revolution? Beides kommt, ob wir das wollen oder nicht. Die Maschine ist uns über den Kopf gewachsen. Und es ist derselbe Notzwang, welcher gestern das Abendland hineintrieb in die Kriege der Soldaten- und Nationalstaaten, welcher morgen uns peitschen wird in die

---

[12] Chamberlain, Joh. Müller, Eucken, Ernst Troeltsch, Max Scheler, Leonh. Nelson, Oswald Spengler, Graf Keyserling.

kurzatmigen Verzweiflungsschlachten eines unsagbar hoffnungslos anwachsenden Weltproletariats.

Es gibt zuletzt nur einen einzigen Punkt, von dem aus die Welt, die uns überkommen ward, stetig der Verjüngung und Erneuerung gewiß ist: die allereigenste, einmalige, allein lebendige Seele.

„Einer muß umkehren und mit der Liebe anfangen!“[13]

Wie es jedoch in Wahrheit steht im Bereiche der christlichen Liebes-Worte und Evangelien, dafür mögen wenige sinnfällige Beispiele zeugen.

Jetzt sterben in Deutschland die Kinder. Frankreich hat unserer Milchkühe genommen. Wir haben für die Kinder keine Milch. Aber in Argentinien hat man tausende Rinderherden zu Büchsenfleisch verarbeitet, und da man es nicht verkaufen kann, macht man, damit nicht alles umkomme, Seife daraus. In Rußland erfrieren gegenwärtig Tausende, Männer und Frauen und Kinder; aber es lagert in Brasilien so viele Wolle unverkäuflich, daß man die Schafherden schlachtet, weil sie keinen Nutzen mehr bringen. In den ehemaligen deutschen Schutzgebieten werden die Negervölker versklavt; die versklavten zur Besetzung des Rheinlandes verwendeten Schwarzen schänden Tausende weißer Frauen. In den Münzen von New York und Philadelphia lagert so viel europäisches Gold, daß man es zu Bergen einschmelzen muß; indes hilft sich Europa durch den ungeheuren Schwindel des Zettelgeldes. ...

Das alles sind kleine Striche im Bilde der vom Naturtrieb abgelösten auf die Logik und Ethik gestellten Willenswelt.

Einzig allein aus Morgenland kann die Wiedergeburt der ältesten und einfachsten Erkenntnis und mithin der Verjüngung des *in die Sackgasse der christlichen Geistigkeit* verlaufenen Kulturlebens kommen.

Indiens jüngster Lebenslehrer Ramakrishna war zeitweilig auch Christ, Moslem, Taoist. Er glaubte so stark, daß ihm Jesus, Buddha, Moses, Laotse zeitweilig leibhaft lebendig geworden sind; dennoch der Begrenzung alles Lebendigen bewußt, blieb er treu dem ihm angestammten Dienst der Kâli (Zeit), der zeugenden und mordenden Mutter. Ist das Mangel an Gepräge? Standpunktlosigkeit? Heimatlosigkeit? Wankelmut? Mangel an Überzeugung? Es ist die ganz schlichte Gewißheit (die der europäische Standpunkt-, Gesinnungs- und Bekenntnis-Mensch nie erreichen wird), daß in allen Gestalten, wie immer sie sind und von jedem Punkte aus, wo immer er liege, stündlich uns der Zutritt möglich ist ins Immergegenwärtige und Ewige.

Eine große erlösende und beglückende Sicherheit sagt uns: wer als Fragender und Suchender die Erde umwandert, kann schließlich immer nur wieder zurückkommen zu dem selben Punkt, von dem er ausging. Wer aber *fest* steht auf dem

[13] De Rancé.

Punkt, dahin der Zufall und die Geburt ihn bannt und, seine Grenze bejahend, beharrlich in die Tiefe geht, der kommt von jedem Punkte aus in das Letzte. ...

In diesem Augenblick, am 18. März 1921, ist die geschichtliche Lage in Deutschland noch genau die gleiche wie am 4. August 1914. Damals stand zur Wahl: Krieg oder Weltrevolution? Alle versagten. Frauen, Friedensfreunde, Sozialisten, Christen. Dennoch kam der Umsturz. Nur um 4 Jahre 3 Monate zu spät. Und genau die gleiche Lage wird immer dasein. Immer wird es heißen: Krieg oder Weltrevolution? Zunächst aber findet dann die Geschichte den Ausweg, den sie immer noch einschlug. Er heißt: Sklaverei. Denn der Mensch ist der Erde tragfähigstes Lasttier und duldet so lange er eben *kann*.

Endlich aber tagt jedermann die Stunde, wo er durchschaut, daß weder mit Vernunft und Ethik noch mit Arbeit und Gütererzeugung die dem Volke zertretene Seele zu erneuern ist, daß weder Kriege etwas ändern noch Revolutionen, weder Christentum noch Freigeisterei, weder Vaterland noch Internationale. Denn das Geschick der Erde hängt einzig am Lebensgefühl der gewandelten Herzen.

Und wenn alle Hoch- und Anbilder der Wirtschaft, Glück und Wohlstand für alle verwirklicht sind (wir wünschen es, wir wollen es!!), gar nichts wäre verändert, wenn nicht diesem mustergültigen Wirtschaftskörper eingeblasen würde: eine neue Seele. Wenn er nicht Ausdruck und Leib wäre allliebender Seele, entwachsen der Zweckheit; um ihrer selbst willen lebendig.

VIII.

[...]

Sie ist. Diese Seele ist. Durch alle Schutthalden des ‚Geistes' ist sie noch immer wieder durchgebrochen. Von Jugend an wurde sie tot geschüttet mit dem Wissen um tote Sachlichkeit. Aber wie ein großes Feuer in Nahrung wandelt das Holz, woran das kleine erstickt, so brach starkes Leben aus jedem Grabe als Blume der Schönheit.

Damit sind wir, was wir sind. Ohne Widerspruch; ohne Gefrage. ‚Objektiv' – das ist ein anderes Wort für: gleichgültig. Alle Fragen und Zwiste unsres Denkens sind Scheinfragen und Scheinzwiste. Sie werden eines Tages dadurch gelöst werden, daß man nicht mehr so fragen wird und die heute so Fragenden nicht mehr versteht. Immer aber lebt Schönheit und Seele. Dumpf, stumm, ungelöst; wo noch Volk lebt. Bei den Tieren, den Blumen, den Steinen. Bei Büßenden, Dirnen, Unterdrückten. Geist gebunden an Blut.

... Ich stehe an einem Frühlingsteiche und werfe den Stein hinein. Da erzittert die leuchtende Fläche in Millionen Ringen. Die Kreise spielen ineinander, suchen, hemmen, fördern, erweitern, lösen sich. Auf – ab; endlos.

Indem ich dies Spiel treibe, durchschaue ich meine Schuld: mein Zweiheitlertum; die ‚Antithese'! Was ich mein ‚Denken' nenne, ist die urnotwendige Tatform eines machttätigen Wollens, welches nie greifen, ergreifen, nie: fassen, erfassen kann mit einem Finger, sondern deren zweie bedarf.

Aber das Leben selbst ist Einklang von Gegensätzen. Nie verfährt Natur in Form des dialektischen Fortschreitens. Nie ist ihr Leben lineare Bewegung in mechanischer Zeit. Sondern sie bildet Ringe; umgriffen, ausgelöst, aufgenommen durch immer neue Ringe.

Und so wäre denn Geist *nicht* Gegenspieler des Lebens? ... Nein! *Denn wenn wir den uns gegebenen Kreis ganz erfüllen, so haben wir ihn wieder überwachsen.*

Niemals aber läßt der zweite Schritt sich tun, bevor der erste getan ist. Wir müssen also unsern Weg beenden. Es ist der Weg der Tragödie. Die im Tode erhöht und verklärt.

> Es muß die Menschheit ringen nach dem Ziele,
> Bei welchem angelangt die Welt zerfiele.[14]

Wir müssen uns als Menschen bejahen, wie wir sind. Müssen dem Menschen Ehrfurcht geben vor sich selbst. Müssen ihn lieben wie er ist. Nur Freude erlöst. Wir geben nichts auf von unsrer verfluchten Kultur. ...

Hier aber höre ich den empörten Aufschrei des Lesers. „Warum sprachst du? da du zuletzt dir selber widersprichst. Wogegen kämpfst du? da du zuletzt alles heilig sprichst, was du verfluchst."

„Ich kämpfe gegen die Abschnürung der Kultur von der großen Mutter und gegen den Dünkel des Geistes, daß die vom All abgesprengte kaukasische Menschheit sei: das Leben."

Eis wandert über die Pole. Die Tundra wächst. Die Wüste, die Haide, der Wald, das Meer. Bald wuchert Natur hinweg auch über die stolzeste Friedensburg der Menschenkultur. Denn Leben ist ewige Dauer. Und wehrt sich wider den Tod im Geist. Indem wir uns erlösen, erlösen wir das All *von* uns.[15] Brâhma umfaßt auch Nirvâna. Wir *wollen* Nirvâna. Sind: Brâhm.

IX.

[...]

Noch blühen glückselige Inseln für Einsame und Zweisame. Die Athosklöster äugen aus der Nacht unberührter Wälder auf das blaue unendliche Griechenmeer.

---

[14] W. Jordan.

[15] „Dein Wille ist der Wille *nicht* zu wollen."

Fromme Bhiku wandern unter der Sonne Indiens; ziellos zwecklos, eingesenkt in das ewige Leben. Auf den Eilanden Polynesiens faßte kein Europäer Fuß. Keine Lasten, Laster, Seuchen, Rauschgifte. In der tiefen russischen Steppe lockt noch das Lied aus Githara und Balalaika und es klagt die Hirtenflöte des Pan, des menschenscheuen, aus endlosen Prärien und Pampas der Cordilleren.

„Zweckfreie Selbstentwicklung“ ... eine herrliche Jugend hat dieses Schlagwort geprägt. Die frei-deutsche! Einfaches Leben von Früchten und Milch; heitere Ruhe im klaren Licht des Tages, frohes Vertraun im magischen Schauer der Nacht. Der neuen Jugend steht alles noch frei.

Winddurchschüttert wird dein Haar sein und gebräunt von Sonne und Salzflut deine Wange. Fröhliche Wanderer, Pfadfinder, Wandervögel, Knaben und Mädchen, frei vom Zwang der Vätergewalt, ohne Herrschaft und Gesetz, ohne Logos und Ethos, Hand in Hand, aber voll wiedergeborener Unschuld, die hindurchging durch Geist und Gesetz. Wir wandern mit dir. Ihr werdet wieder Schwestern dem Wasser und Bruder dem Wind und begreift die ganze Ruchlosigkeit der europäischen Mechanerie; dieser ‚logisch-ethischen Organisation’, die große prahlende Lüge unsres Naturerlöser- und Weltvergottergeschäfts.

„Der Mensch in der Mitte“ ... Nein!! Der nordische Mensch der ermatteten Sonne, eingekäfigt in Kleider und Häuser, Pflichten und Begriffsgehäuse, gebannt in die große Steinwüste einer zwangsläufig gewordenen Werkerei, kann nur Flüchtling werden oder Zerstörer; aber sorgen kann er, daß die große Mutter, die er gemartert hat, Kinder aus seinem Blute wieder nimmt ans verratene Herz und daß die Erde, die wir zu Mensch machen, uns arme Sünder wandelt in das, was wir sind und auf ewig bleiben: Leben der Erde.

[...]

[Auszüge aus: Theodor Lessing: Die verfluchte Kultur, München 1921]

Robert Josef Kozljanič:

100 Jahre radikale Zivilisationskritik und solidarische Lebensdemokratie

Robert Josef Kozljanič: 100 Jahre radikale Zivilisationskritik und solidarische Lebensdemokratie

Dieser Essay geht in seinem Kernbestand auf meinen Vortrag „Radikale Zivilisationskritik 100 Jahre nach Ludwig Klages' ‚Mensch und Erde': Zum Beispiel Derrick Jensen" zurück. Ich sollte diesen Vortrag zum 100-jährigen Bestehen des freideutschen Jugendtreffens am Hohen Meißner (auf der beigeordneten Tagung der Ludwig-Klages-Gesellschaft) im Rahmen der „Meißnerwochen" halten. Durch Krankheit wurde ich daran gehindert, so dass der Vortragstext am 29. 9. 2013 im Berggasthof Ahrenberg nur vorgelesen werden konnte. – Ich widme diesen Text allen Ausgebeuteten dieser Erde und der ausgebeuteten Erde selbst. ‚Ausgebeutete aller Länder: solidarisiert euch!'

I. Positivismus, Industrialisierung, Kapitalismus bis 1900

Auguste Comte (1798-1857) gilt als der Begründer des Positivismus. In seinem sechsbändigen Hauptwerk „Cours de la philosophie positive" (1830-42) plädiert er dafür, allen überkommenen mythischen, theologischen und metaphysischen Weltbildern abzusagen und ein ganz neues, naturwissenschaftlich durchrationalisiertes[1] Weltbild zu etablieren. Ein solches Weltbild fand nun in der zweiten Hälfte des 19. Jahrhunderts nach und nach Verbreitung. Damit hub eine neue Welle rationalistischer Aufklärung und Entzauberung der Welt an.

Es ist hier nicht der Ort zu zeigen, dass es nicht das Programm einer ganzheitlichen Aufklärung, sondern eine zweckrationalistisch und ideologisch verengte Schrumpfform von Aufklärung war, die hier einmal wieder zum Zuge kam. Ging es doch weniger um die vollsinnliche und vernünftig-integrale Erhellung und Befreiung von Mensch, Welt und Natur, mehr jedoch um deren Funktionalisierung und Quantifizierung, um deren Berechen- und Beherrschbar-Machung vermittels Mathematik, Naturwissenschaft, Technik. Wie es Galileo Galilei (1564-1642) schon formulierte: „alles rechenbar zu machen und was sich nicht rechenbar machen läßt, nicht berücksichtigen." Berechenbar-Machen wurde dabei mit Wissen bzw. Herrschaftswissen gleichgesetzt. Auch dieser Punkt war im 19. Jahrhundert nichts Neues. Thomas Hobbes (1588-1679) hatte ihn 200 Jahre vorher schon ausgesprochen: Ein Ding zu kennen, heißt „zu wissen, was wir mit einer Sache machen können, wenn wir sie haben"; („to know what we can do with it

---

[1] Zu dem Verbum „durchrationalisiert" hat mich Angela Merkels Rede vom „Durchregieren" inspiriert ;-)

when we have it").[2] Freilich kann man/frau sich fragen, ob diese Schrumpfform überhaupt den Namen Aufklärung verdient. Treffend hat Karl Jaspers in Bezug auf solche Verkümmerungsformen nicht von Aufklärung, sondern von „Aufklä-richt" gesprochen.[3]

Wie dem auch sei. Die neue aufklärerische Quantifizierungs-und Machbarkeits-Welle war jedenfalls engstens mit dem Prozess der Industrialisierung verbunden. Ja, genau betrachtet, waren es weniger die „positiven", d. h. experimentell gewonnenen und mathematisch darstellbaren naturwissenschaftlichen Erkenntnisse, die dem comteschen Positivismus zum Durchbruch verhalfen, als vielmehr die gleichzeitigen technischen und industriellen Nutzanwendungen und ‚Revolutionen' derselben sowie, nicht zum geringsten Teil, die zivilisatorischen Zukunftshoffnungen, die sich mit diesen industriellen Umwälzungen verbanden. Diese Zukunftshoffnungen gipfelten in einer Fortschrittsideologie, die mit den Schlagworten „Naturwissenschaft", „Technik", „Fortschritt" operierte.

Die Industrialisierung brachte die moderne technologische Zivilisation mit ihren neuen kapitalistischen Gewinnern hervor: den (meist großbürgerlichen) Fabrik- und Bankbesitzern, den pfiffigen Ingenieuren und gerissenen Unternehmern, den Industriemagnaten und Konzernchefs. Die ersten Nutznießer dieses neuen Systems waren all diejenigen, die es sich leisten konnten, Konsumenten zu sein. Doch das galt zunächst nur für wenige. Groß dagegen war die Zahl der neuen Verlierer: die im 19. Jahrhundert maßlos ausgebeuteten Arbeiter/innen (und ihre Kinder), die ebenfalls großer Willkür ausgesetzten niederen Angestellten und, man/frau vergisst und verdrängt das zu gern, die unzähligen und ungezählten unterdrückten, ausgeplünderten, ganz oder halb ausgemerzten ‚Kolonialvölker' – und mit ihnen die ‚kolonialisierte' Natur.

Die neue kapitalistische Machtelite wusste sich, polit-ideologisch geschickt, der Evolutionstheorie von Charles Darwin (1809-1882) zu bedienen. Die etwas einseitigen, letztlich aber doch recht grundlegenden und genialen Entdeckungen, die Darwin in seiner Schrift „On the Origin of Species by Means of Natural Selection" (1859) in Bezug auf die Stammesgeschichte der Lebewesen (Phylogenese) präsentiert hatte, wurden vorschnell auch auf die Gebiete von Wirtschaft, Industrie, Technik und Politik übertragen. Evolution wurde mit Fortschritt, Fortschritt mit Industrialisierung, Industrialisierung mit Kapitalisierung gleichgesetzt. Ausbeutung und Unterdrückung, Kolonialisierung und Naturbeherrschung, Machtpolitik und Eroberungskriege wurden nun nicht mehr (wie früher) christlich-klerikal-feudal gerechtfertigt, sondern sozialdarwinistisch und damit quasi naturwissenschaftlich-positivistisch. Im „struggle for existence" („Kampf um's Dasein"), so propagierte man/frau, überlebe gemäß dem Prinzip des „survival of

[2] Vgl.: Spaemann, R.: Philosophische Essays, Stuttgart [3]2012, S. 140 u. 239.
[3] Karl Jaspers in: Jaspers, K. u. Bultmann, R.: Die Frage der Entmythologisierung, München 1981, S. 42.

the fittest" („Überleben der Tauglichsten, der am besten Angepassten") eben nur der „Stärkere" bzw. „Mächtige" – also der finanziell, strategisch, machtpolitisch, technisch und militärisch Fortgeschrittenere. Auguste Comtes fortschrittsideologisch verfasster Positivismus wurde so, nach und nach, zu einer machtpolitisch-kapitalistisch verfassten Fortschrittsideologie.

II. Lebensreform, Fortschritts- und Zivilisationskritik um 1900

Ende des 19., Anfang des 20. Jahrhunderts – als schließlich auch in Deutschland die menschenverächterischen und naturzerstörerischen Folgen von Technisierung, Industrialisierung und Kapitalisierung durchschlugen – machten sich kritische Stimmen bemerkbar. Ob aus den Kreisen des Natur- und Heimatschutzes oder den Kreisen der Arbeiter-, Gewerkschafts- und Frauenbewegung; ob aus den Kreisen der konservativen Technik- und Zivilisationskritik oder den Kreisen sozialdemokratischer und kommunistischer Kapitalismuskritik: Man/frau begab sich – nicht nur in der Jugend-, Wandervogel- oder Lebensreformbewegung – auf die Suche nach Alternativen. Man/frau machte sich auf, alte vergessene Wege zu prüfen, neue zu beschreiten. Auf dem Boden der Lebensphilosophie und in ästhetischen Zirkeln und Künstler- und Aussteiger-Kolonien (George-Kreis, Schwabinger Kosmiker, Monte Verità, Künstler-Kolonien Worpswede, Dachau, Barbizon, Münter-Kreis in Murnau) besann man/frau sich auf Altes, ersann zugleich Neues.[4] Einzelne, radikalere Geister und Künstler wie Karl Wilhelm Diefenbach (1851-1913) und Gusto Gräser (1879-1958) stiegen (zeitweilig) komplett aus, zogen langhaarig und barfuß durch die Landschaft, lebten in Steinbrüchen und Höhlen, ernährten sich vegetarisch und agierten als Natur- und Friedenspropheten.[5]

Jedenfalls waren viele definitiv nicht mehr gewillt, im Chor der Fortschrittsjünger mitzusingen. Man/frau berief sich auf Rousseaus „Zurück zur Natur", floh „aus grauer Städte Mauern", suchte und fand Natur und naturnahe Gemeinschaft,

---

[4] Vgl. etwa: Walter-Hammer-Kreis (Hg.): Junge Menschen, Monatshefte für Politik, Kunst, Literatur und Leben aus dem Geiste der jungen Generation der zwanziger Jahre 1920-1927. Frankfurt a. M. ²1982 (Interessant sind nicht nur die Faksimiles der Zeitschrift „Junge Menschen", S. 1-325, sondern auch die Beiträge von W. G. Oschilewski: Stimme des neuen Jugendwillens. Walter Hammers Leben und Werk" S. X-XXIV und „Anhang I" und „Anhang II" [Geschichte der deutschen Jugendbewegung], S. 334-381. Vgl. aber auch: Sieferle, R. P.: Fortschrittsfeinde? Opposition gegen Technik und Industrie von der Romantik bis zur Gegenwart, München 1984, S. 155-160; sowie: Buchholz, K., Latocha, R., Peckmann, H. u. Wolbert, K. (Hg): Die Lebensreform, Entwürfe zur Neugestaltung von Leben und Kunst um 1900, 2 Bde., Darmstadt 2001. Und: Voswinckel, U.: Freie Liebe und Anarchie. Schwabing – Monte Verità. Entwürfe gegen das etablierte Leben, München 2009.

[5] Vgl.: Villa Stuck (Hg.): Karl Wilhelm Diefenbach (1851-1913). Lieber sterben als meine Ideale verleugnen! Katalog der Ausstellungen in München und Wien, München 2009.

naturnahe Ideale. Man/frau genoss wandernd, singend und zeltend Natur- wie Kulturlandschaft. Man/frau zog an den Stadtrand, auf's Land, gründete Siedlerkolonien und Gartenstädte, entwickelte, produzierte und vertrieb Reformkost. (Namen wie Reformkost und Reformhaus gehen ja selbst auf die Lebensreformbewegung zurück). Auch die Gründung der Klein- oder Schrebergärten, der Gartenkolonien fällt in die Zeit des ausgehenden 19. Jahrhunderts. Berühmt ist die 1893 gegründete, heute noch bestehende Obstbausiedlung Eden, in Berlin-Oranienburg.[6] Die Produkte der Firma Eden, die bis heute in jedem Reformhaus zu finden sind, haben ihren Ursprung in der Obstbausiedlung Eden.[7]

Die Lebensreformbewegung hat sich auch auf dem Gebiet Schule und Bildung ausgewirkt. Und zwar unter dem Namen „Reformpädagogik". Eines der wichtigsten reformpädagogischen Schulprojekte war die von Gustav Wynecken gegründete und anfangs geleitete „Freie Schulgemeinde Wickersdorf", die mit wechselndem Schicksal von 1906 bis 1991 Bestand hatte.[8] (Wynecken hatte auch beim Meißner-Treffen 1913, auf das ich gleich zurückkommen werde, eine Schlüsselrolle inne.) Ebenfalls dem Nährboden der Reformpädagogik entsprungen sind zwei weitere, wesentlich bekanntere Schulmodelle: das von Maria Montessori (1870-1952) entwickelte Modell (Montessoripädagogik, Montessorischulen) und das von Rudolf Steiner (1861-1925) entwickelte Modell (Waldorfpädagogik, Waldorfschulen, Rudolf-Steiner-Schulen). Beide Modelle zählen bis heute zu *den* alternativen pädagogischen Modellen schlechthin, weltweit. Sowohl Maria Montessori als auch Rudolf Steiner haben mit der Unterrichtung der sozial Benachteiligten, nämlich der Arbeiterkinder, begonnen, Montessori in Rom, Steiner in Stuttgart. Erziehung zum Kind-Sein-Dürfen, zur Individualität, zur Naturverbundenheit, zur Kreativität und zum Verantwortungs-Übernehmen: das stand und steht bei allen reformpädagogischen Ansätzen im Vordergrund; auch bei der heutigen Erlebnispädagogik, bei der die Reformpädagogik ebenfalls Pate stand.[9]

Natürlich gäbe es zur Lebensreform- und Jugendbewegung weit mehr zu sagen. Ich möchte es aber mit dieser Kurzdarstellung gut sein lassen. Sie genügt, um zu sehen: dass und wie man/frau auf der Basis all dieser Natur- und Gemeinschaftserfahrungen ein neues Lebens- und Naturgefühl gewann, dass und wie man/frau sich kritisch gegen Fortschrittsideologie und Kapitalismus, gegen

---

[6] Vgl. z. B.: 100 Jahre Eden. Eine Idee wird zur Philosophie, hg. v. d. Eden-Genossenschaft u. J. Baumgartner, München 1993.

[7] Vgl.: Baumgartner, J.: Die Lebensreformbewegung um 1900, in: Ökologische Siedlung Eden, hg. v. d. Eden-Stiftung u. d. gemeinnützigen Obstbausiedlung Eden, Frankfurt a. M. 1994, S. VII-XII.

[8] Ab 1993 hat die anthroposophische „Lebensgemeinschaft Wickersdorf" mit Behindertenwerkstätten und einem integrativen Arbeits- und Wohnmodell die Nachfolge angetreten.

[9] Vgl.: erleben & lernen, 5/2014, Themenheft „Wurzeln, Wachstum, Wegmarken – Erlebnispädagogik nach 1945", v. a. S. 3-15.

Mechanisierung und Entfremdung, gegen Ausbeutung und Naturzerstörung wandte.

III. Zivilisationskritik 1913: Ludwig Klages' „Mensch und Erde"

Ein aufschlussreiches Zeugnis dieser Zeit ist Ludwig Klages' (1872-1956) Schrift „Mensch und Erde". In Klages (und genauso in Theodor Lessing, s. u.) berühren und verschlingen sich manche der soeben genannten Kreise: Er war Teil der Schwabinger Künstler- und Philosophenszene um Stefan George, war ‚Jugendbewegter' und ‚Jugendbewegender', Naturschützer, Technikkritiker, v. a. aber Lebensphilosoph. Seine programmatische Schrift „Mensch und Erde" hat Klages anlässlich des ersten Jugendtreffens am Hohen Meißner 1913 verfasst. Während des Meißner-Treffens schlossen sich 13 Verbände zur „freideutschen Jugend" zusammen, formulierten die sogenannte „Meißner-Formel"[10] und gaben eine Festschrift heraus. Klages' Aufsatz erschien in dieser Festschrift. Er prangert darin die technologische Zivilisation an, Alles und Jedes dem finanziellen Kalkül sowie egozentrischen Machtinteressen unterworfen zu haben:

> „Auch wem die furchtbaren Folgen noch fremd geblieben, die der Leitgedanke des ‚Fortschritts' gezeitigt hat, müßte angesichts jener Gründe stutzig werden. Dem antiken Hellenen war Höchsterwünschtes die ‚Kalokagathie', das ist die innere und äußere Menschenschönheit, die er im Bilde der Olympier sah; dem Mittelalter das ‚Heil der Seele', worunter es die geistige Erhebung zu Gott verstand; dem Goetheschen Menschen die Vollkommenheit der Haltung, die ‚Meisterschaft' im Wechsel der Geschicke; und, wie verschieden solche Ziele, wir verstehen ohne weiteres das tiefe *Glück* in der Erreichung eines jeden. Worauf aber der Fortschrittler stolz ist, sind bloße *Erfolge*, sind Machtzuwachse der Menschheit, die er gedankenlos mit Wertzuwachsen verwechselt, und wir müssen bezweifeln, ob er ein Glück zu würdigen fähig sei und nicht vielmehr nur die leere *Befriedigung* kenne, die das Bewußtsein der Herrschaft gibt. Macht allein ist blind gegen alle Werte, blind gegen Wahrheit und Recht und, wo sie diese noch zulassen muß, ganz gewiß blind gegen Schönheit und Leben."[11]

Um die zerstörerische Seite einer auf Fortschrittsideologie fußenden technologischen Zivilisation zu zeigen, listet Klages unzählige ausgerottete oder vom

[10] „Die Freideutsche Jugend will nach eigener Bestimmung, vor eigener Verantwortung, in innerer Wahrhaftigkeit ihr Leben gestalten. Für diese innere Freiheit tritt sie unter allen Umständen geschlossen ein. Zur gegenseitigen Verständigung werden Freideutsche Jugendtage abgehalten. Alle gemeinsamen Veranstaltungen der Freideutschen Jugend sind alkohol- und nikotinfrei."

[11] Klages, L.: Mensch und Erde, München 1920, S. 16f.

Aussterben bedrohte Tierarten auf, weist auf zerstörte oder verunstaltete Kultur- und Naturlandschaften hin, erwähnt die Zivilisierungs- und Vernichtungstaktiken, mit denen ‚Naturvölker' ausgemerzt werden, weist auf Auswirkungen zunehmender Industrialisierung wie Luftverschmutzung, Lärmbelästigung, Verstädterung und Naturentfremdung hin. Sein Resümee:

> „Eine Verwüstungsorgie ohnegleichen hat die Menschheit ergriffen, die ‚Zivilisation' trägt die Züge entfesselter Mordsucht, und die Fülle der Erde verdorrt vor ihrem giftigen Anhauch."[12] „Wir täuschten uns nicht, als wir den ‚Fortschritt' leerer Machtgelüste verdächtig fanden, und wir sehen, daß Methode im Wahnwitz der Zerstörung steckt. Unter den Vorwänden von ‚Nutzen', ‚wirtschaftlicher Entwicklung', ‚Kultur' geht er in Wahrheit auf *Vernichtung des Lebens* aus. Er trifft es in allen seinen Erscheinungsformen, rodet Wälder, streicht die Tiergeschlechter, löscht die ursprünglichen Völker aus, überklebt und verunstaltet mit dem Firnis der Gewerblichkeit die Landschaft und entwürdigt, was er von Lebewesen noch überläßt, gleich dem ‚Schlachtvieh' zur bloßen Ware, zum vogelfreien Gegenstande eines schrankenlosen Beutehungers. In seinem Dienste aber steht die gesamte Technik und in deren Dienste wieder die weitaus größte Domäne der Wissenschaft."[13]

IV. Zivilisationskritik 1914: Theodor Lessings „Europa und Asien"

Ein Jahr nach Klages' „Mensch und Erde", 1914, hielt Theodor Lessing einen Vortrag zum Thema „Europa und Asien". Aus diesem Vortrag ist ein gleichnamiges Buch hervorgegangen, das in seinen Grundzügen 1914/1915 verfasst wurde, dessen Veröffentlichung 1915 aber von der deutschen Militärzensur unterdrückt wurde und das deshalb erst 1918, nach dem ersten Weltkrieg, erscheinen konnte.[14]

An diesem Buch hat Lessing weiter gearbeitet und weiter gefeilt. Sein Titel lautete ab der 3. Auflage 1924: „Untergang der Erde am Geist – Europa und Asien". Von Anfang an waren die Grundzüge dieser Schrift die selben: Es handelte sich um eine der Lebensphilosophie nahestehende radikale Kritik der westlichen Zivilisation, des westlichen Macht- und Maschinendenkens, der westlichen Gier nach Geld, Land, Befehlsgewalt. Lessing hat diese aktivistische westliche Unkultur den kontemplativen asiatischen Kulturen der Meditation, Naturverehrung und Lebensverbundenheit gegenübergestellt, um so zu zeigen, dass unsere ‚Macher-Kultur' nicht ganz so toll ist, wie sie sich gibt.

> „Aber ein *anderer*, ungleich tieferer Gegensatz tut sich vor uns auf! Das Morgenland träumt und atmet in einer Substanz des Lebens, darin der Mensch und

---

[12] Klages, L.: Mensch und Erde, a. a. O., S. 24.
[13] Klages, L.: Mensch und Erde, a. a. O., S. 29f.
[14] Vgl. Lessing, T.: Europa und Asien, Berlin 1918, S. 5.

seine Bewußtseinswelt ein für alle Mal eingesenkt ruht: zeitlos und unbedingt! Wir dagegen, in Europa, denken auch das, was *hinter* der Welt steht, das ‚Metaphysische', als einen ‚historischen Prozeß' und somit eigentlich als *zeitlich.* Wir benennen es mit Worten wie Weltgeist, Weltwille, Weltbewußtsein, Energie. Immer aber mit Worten, die *Tätigkeit* und somit Wandel in sich schließen, als Spiegelbild unsrer eignen aktiven, immer arbeitenden, immer auf Ziele hinstrebenden Lebendigkeit. Selbst Schopenhauer und Spinoza, die beiden *beschaulichsten* Denker Europas, suchen im Weltwesen weniger ein zeitlos überwirkliches *Sein*, als zeitlich wirkendes *Lebendigsein.*

Nach alledem möchte es uns bedünken, als ob das Denken des Morgenlandes gleich einem liebenden Weibe vertraulich hingegeben der Natur sich ans Herze schmiege, während das Bewußtsein des Abendländers gespannt und kriegerisch ihr *gegenübersteht*, immer auf der Lauer, herauszufinden, wie die Natur *arbeitet*, wodurch er ‚*hinter* die Natur kommend', in den Stand gesetzt wird, sie nachzubilden, ja sogar zu verbessern, was denn freilich aus aller bunten Lebendigkeit Europas zuletzt doch nur einen gespenstigen Golem hervorlockt: die *Maschine*, die wie das vergeistigte Gespenst des Lebendigen, wie ein Vampir nun das Leben in sich aufsaugt. Denn auch unsre bauende und neuschaffende Kunst ist wie die Synthese der Chemie eben ‚künstlich', auf mechanische Zerlegungen, atomisierende Zerstückelungen des Lebendigen vorangewiesen.

Darum begreifen wir nicht die schlichte Anbetung der schlichten großen Symbole von Geburt, Zeugung, Fruchtbarkeit, Leben und Tod. Und begreifen nicht, daß das Morgenland als seine größten Menschen solche verehrt, die durchaus gar nichts getan, geleistet, geschrieben und gemacht haben, sondern gleich Buddha und Laotse nur der Betrachtung des großen lebendigen Einen mit allen Sinnen nachlebten: unbewegt, heilig, wandellos, ohne Werk. Wir aber finden unsre Rechtfertigung, ja oft unsre Entschuldigung im *Wirken.*"[15]

„Bei Allem was der Europäer ‚Kultur' nennt, handelt es sich um irgend ein Können, Schaffen, Leisten, Produzieren. Er entwirft Maschinen, Brücken, Eisenbahnen, lenkbare Luftschiffe. Er schreibt Bücher, malt Bilder, komponiert Musikwerke. Er bringt, wohin er kommt, eine Fülle von Wissen, eine Menge neuer Bedürfnisse, eine Unsumme Fertigkeiten und Technik. Alles das nennt er ‚*die Kultur*' und trägt diese ‚Kultur' wie ein gut gearbeitetes Kleid an seinem Leibe. Was aber besagt das? – Daß wir Schießpulver erfanden oder Buchdruck besitzen, dürfte nicht so wichtig sein wie dies, daß wir diese Findungen der Vernunft im Dienste von Unvernunft verwerten, indem wir auch

[15] Lessing, T.: Europa und Asien, a. a. O., S. 30-31.

mit den herrlichsten Gütern der ‚Kultur' den Geist der Barbarei ins Ungeheuerliche vermehren, indem wir unsre Klugheit besitzen, um dumm zu sein und unsre Sittlichkeit, um auch das Unsittlichste zu rechtfertigen. Wohl errichten wir Riesenkrahne und Dynamos; aber benutzen diese Technik, um uns wechselweis elender zu machen. Wohl schmieden wir Panzerplatten und Kanonenrohre; aber nur, um das eine unsrer Werke mit einem andern zu zerstören. Wohl baun wir Luftschiffe und Unterseeschiffe; aber nur, um in das Luftreich oder unter die Meereswogen die Unmenschlichkeit unsrer Humanität zu tragen. Wohin wir dringen, haben wir die Seele der Natur geschändet."[16]

Besonders drastisch und zivilisationskritisch-klar zeigt die „[v]erschieden Stellung zur Tierwelt" den Unterschied der westlichen Ausbeuter-Kultur zur buddhistischen und hinduistischen Kultur des Mitleids und Mitschwingens:

> „Ich lese in dem Reisebuche eines österreichischen Erzherzogs von einem Jagdausflug in die Urwälder Indiens. Die Herren, in europäischen Sportanzügen und mit Tropenhelmen, stellen sich mit guten Feuerwaffen an die Fenster ihres Salonzuges und schießen rechts und links von der Bahnstrecke alles nieder, was in den Bereich europäischer Flinten kommt: seltene Vögel, Affen, Hochwild, Rehe, Gnu, Antilope, Schlangen, – Tiere, die bis dahin den Menschen noch nicht als Feind gekannt hatten, denn der Buddhist darf weder Tierfleisch als Nahrung genießen, noch tierische Produkte wie Felle und Leder verwenden; er soll nicht einmal Ungeziefer und schädliche Insekten töten, indem er sie verscheucht. Läßt sich mithin nicht begreifen, daß zumal der Hindu den europäischen Menschen empfinden muß wie einen Teufel, welcher gekommen ist, den Schlaf der Welt zu zerstören? Er möchte diesen Teufel, welcher Schießwaffen, Alkohol, Laster und Bedürfnisse jeder Art verbreitet, wohl am liebsten so nennen, wie die Eingeborenen auf Samoa uns Deutsche nennen: Papalanghi, zu deutsch: Himmelszerbrecher. Wir Träger Europas und seiner Kultur zerbrachen den Himmel der Unschuld! Ließen wir noch ein Fleckchen Erde übrig, wo uraltes Leben nicht ausgerodet ward? Gibt es Wälder, die wir nicht in Zeitungspapiere wandeln? Bär und Biber, Adler und Geier sind aus unseren Forsten verschwunden. Die letzten Elefanten und Nashorne werden bald im letzten Dschungel gefangen sein. Der letzte Walfisch wird in schwimmenden Fabriken aufgejagt, um an Ort und Stelle erlegt, zerwirkt und in Stücken in die europäischen Häfen transportiert zu werden. Ganze Tierarten wie die Riesenschildkröten Australiens, die Reiher Südamerikas, werden in 50 Jahren von den Europäern ausgerottet sein."[17]

---

[16] Lessing, T.: Europa und Asien, a. a. O., S. 34.
[17] Lessing, T.: Europa und Asien, a. a. O., S. 69-70.

Theodor Lessing wird am 8. 2. 1872 von Adele Lessing (Mädchenname: Ahrweiler) in Hannover geboren. Sein Vater, der angesehene Arzt Sigmund Lessing, ist ein selbstherrlicher Tyrann, unter dem Theodor (aber nicht nur er) Einiges zu leiden hat. 1878 beginnt für Lessing – einem (aus Lehrersicht) notorisch schlechten, unbequemen, unkonzentrierten und zu allem Überfluss nicht-autoritätsgläubigen Schüler – die qualvolle Zeit im hannoverschen Lyzeum. Angesichts des für ihn nur sehr schwer erträglichen Die-Schulbank-drücken-Müssens, sucht und findet Lessing Trost in seiner Phantasie, in Literatur und Dichtung. 1881 entstehen erste Gedichte. 1885 bleibt Lessing sitzen. In der neuen Klasse lernt er Ludwig Klages kennen. Es kommt für beide zu einer lebensbestimmenden innigen Jugendfreundschaft. 1888 wiederholtes Schulversagen. Der Schuldirektor rät Lessings Vater, seinen Sohn „ein einfaches Handwerk erlernen zu lassen, da er für geistige Betätigung lebenslänglich unfähig bleiben wird.“[18] Beginn einer Lehre in der Bank eines Freundes der Familie. Allem Anschein nach ‚taugt' Lessing weder für die Schule noch für die Bank. Selbst die nachfolgende Lehre in einer Gartenbauschule muss abgebrochen werden. An einem Gymnasium in Hameln gelingt schließlich ein erster Abschluss: das Abitur, 1892.

Herbst 1892 beginnt Lessing sein Medizinstudium in Freiburg. Hier hört er u. a. Vorlesungen des Biologen August Weismann, der eine darwinistische und sozialdarwinistische Lehre vertritt. Lessing schreibt: „Seine Biologie imponierte mir gewaltig. [...] was mich fesselte, das war die Maschinentheorie des Lebens“. Lessing unterwirft sein eigenes Leben nun den sozialdarwinistischen „Zuchtwahlprinzipien“ – oder zumindest dem, was er in jungen Jahren darunter versteht: „Den Tag begann ich um 6 Uhr mit kalter Abreibung des ganzen Leibes und Atemübungen und [... einer] Wanderung über den morgendlichen einsamen Schloßberg.“ „Ein halbes Jahr lang lebte ich von Milch, Brot, Früchten und Käse. Ich aß kein Fleisch und leistete mir nur selten ein Schöpplein Wein.“[19] Lessing optimiert und funktionalisiert sein Leben v. a., um im ‚Kampf um's Dasein' erfolgreich zu sein und leistungsstark im Sinne eines ‚Überlebens der Tüchtigsten und Stärksten': Konzepte und Prinzipien, die er später gründlich ablehnen wird. Diese Episode dauert auch nicht lange. 1895 in München kommt Lessing – in libertären Künstler-, Philosophen- und Anarchistenkreisen auf ganz andere Gedanken.

Gleichwohl findet sich auch noch 1918 in der Erstauflage von „Europa und Asien“ ein später Reflex seines früheren Sozialdarwinismus': eine wirre und hässliche Passage, in der er – nietzscheanisch-darwinistisch-sozialistisch inspiriert – für Höherzüchtung der Menschheit, strikte Geburtenregelung, Freiheit der

[18] Lessing, T.: Einmal und nie wieder, Gütersloh 1969, S. 187. (Erstausgabe Prag 1935).
[19] Lessing, T.: Einmal und nie wieder, a. a. O., S. 259f.

Frauen, Etablierung „engster Zweck- und Lebensgemeinschaften", „Förderung aller sektirerischen Aristokratien als Gegenpol der künftig fortzuführenden *Sozialisierung* Europas" sowie eugenische und ‚sozialhygienische' „Biologische Politik" plädiert.[20] Man/frau mag sich heute wundern, wieso Lessing, dieser kosmopolitische und lebensdemokratische Anarcho-Denker, der sich sein Leben lang für unterdrückte Menschen (und Tiere und Pflanzen) eingesetzt hat, solch einer kryptofaschistischen, sozialdarwinistisch-elitären Bio-Politik das Wort redete. Wenn man/frau aber weiß, dass diese Gedanken damals – sowohl im rechten wie auch im linken Polit-Spektrum – weit verbreitet waren; wenn man/frau bedenkt, dass sie auch heute – genbiologisch und pränatal-medizinisch modernisiert – immer wieder (oft ganz unscheinbar und scheinbar harmlos) auftauchen und praktiziert werden, so zeigt sich, dass diese Diskussion nicht mit vorschnellen und pauschalen Argumenten geführt werden kann. Es bedürfte hier einer differenzierten, historisch, politisch, biologisch und medizinisch gut informierten, *ethisch-philosophischen* Diskussion, um die verwickelten Zusammenhänge vernünftig darzulegen und zu bewerten. Das kann hier nicht geleistet werden.[21]

Es soll genügen, dass ich in diesem Zusammenhang meinen eigenen Standpunkt klarmache: dass ich nämlich jede Art von Sozialdarwinismus als kryptofaschistische und/oder faschistische Ideologie betrachte und aufs Schärfste ablehne. Und deshalb habe ich auch besagte Passage aus Lessings „Europa und Asien" in diesem Buch nicht abgedruckt. – Ich denke, dass ich hier durchaus auch im Sinne Lessings handle, dem es ja in seinem Leben und in seinen Schriften v. a. um Macht- und Macher-Kritik ging; und der stets um die „Verschiedenheit des Biotischen und Bio*logischen*" wusste: „Die Biologie hat es zu tun mit einer vermenschlichten Wirklichkeit, an das ‚absolute Leben' kommen wir auf diesem Wege des Wissens nie heran."[22] – Aber genau um dieses unvor*denk*liche „absolute Leben" – um dessen Schutz vor dem vergewaltigenden, ‚verwissenschaftlichenden' und ‚verwillenschaftlichen' Zugriff der westlichen (oder westlich beeinflussten) Machteliten ging es Lessing ja. Für ihn stand fest, dass genau dieser machtelitäre westliche Menschentyp als „Übermächtiger und Vergewaltiger alles schutzlos stillen Lebens"[23] fungierte. Weshalb ich mir bei dem hier vorliegenden Wiederabdruck zentraler Passagen aus dem Lessing-Buch auch erlaubt habe, den Titel

[20] Lessing, T.: Europa und Asien, a. a. O., S. 124f.

[21] Bei Lessing liegt der Fall ähnlich wie bei der Lebensphilosophin, Sexualreformerin, Pazifistin, Frauenrechtlerin und Sozialistin Helene Stöcker; vgl. hierzu den Abschnitt „Eugenik und der Vorwurf präfaschistischer Mittäterschaft" von: Stopczyk-Pfundstein, A.: Helene Stöckers Philosophie der Liebe und Selbstbestimmung, in: VII. Jahrbuch für Lebensphilosophie (Thema: Lebendenkerinnen), hg. v. H. Bennent-Vahle, U. Gahlings u. R. J. Kozljanič, München 2014, S. 126-141, hier: 139-141.

[22] Lessing, T.: Einmal und nie wieder, a. a. O., S. 260.

[23] Lessing, T.: Die verfluchte Kultur, München 1981, S. 23.

„Untergang der Erde am Geist“ durch den Zusatz „der Machteliten“ zu präzisieren: denn das ist es, was Lessing letztlich meint. Gleiches gilt für seine zweite zivilisationskritische Hauptschrift „Die verfluchte Kultur“: Sie läuft auf eine Fundamentalkritik des mechanischen Denkens und der Maschinisierung der Welt hinaus, weshalb ich auch hier den Titel, wie ich hoffe im Sinne Lessings, präzisiert habe: „Die verfluchte Kultur der Maschine“.

Doch zurück zu Lessings Biografie: 1893 setzt er sein Medizinstudium in Bonn fort. Im gleichen Jahr tritt er aus der jüdischen Gemeinde aus. 1894 veröffentlicht Lessing sein erstes Buch „Comödie – Roman in zwei Bänden“. 1895 ist er in München. Durch Klages’ Vermittlung wird Lessing mit dem George-Kreis bekannt. 1896 stirbt der Vater. 1899: Promotion in Philosophie an der Universität Erlangen. Klages kündigt ihm die Freundschaft.[24] 1900 heiratet Lessing Maria Stach von Goltzheim. Unter dem Eindruck der zionistischen Bewegung wendet sich Lessing zum Judentum zurück. 1901 wird er Lehrer am (von Hermann Lietz gegründeten, reformpädagogischen) Landerziehungsheim Haubinda. In diesem Jahr wird seine Tochter Judith, im nächsten Jahr Miriam geboren. Seine Frau geht mit einem seiner Schüler eine Beziehung ein und verlässt ihn. Ab 1904 ist er Lehrer am Landerziehungsheim Laubegast bei Dresden. Lessing unternimmt Vortragsreisen. Soziales Engagement für die Frauenbewegung und die Arbeiterbildung. 1906 erscheint sein Buch „Schopenhauer, Wagner, Nietzsche“. Er studiert bei Edmund Husserl in Göttingen; Ziel: Habilitation. Zu dieser kommt es 1907 an der Technischen Hochschule Hannover. 1908 übernimmt Lessing die Erziehung seiner beiden Töchter. Er wird Privatdozent an der TH Hannover, gründet einen „Anti-Lärm-Verein“ gegen akustische Natur- und Umweltverschmutzung. 1912 stirbt seine über alles geliebte Tochter Miriam. Lessing arbeitet an verschiedenen Zeitungen und Zeitschriften mit, unternimmt Vortragsreisen. Er heiratet Adele („Ada“) Grote-Abbenthern, die ihm 1913 die Tochter Ruth gebiert. 1914 erscheint die Aufsatzsammlung „Philosophie als Tat“.

Zu Beginn des 1. Weltkrieges arbeitet Lessing, der zwar in Medizin promovierte, nie aber das Staatsexamen abschloss, als Lazarettarzt, ab 1915 als Hilfslehrer an hannoveranischen Gymnasien. Sein Buch „Europa und Asien“ (Titel der 3. Auflage 1924: „Untergang der Erde am Geist – Europa und Asien“) erscheint 1918. In diesem Jahr nimmt er seine Lehrtätigkeit an der TH Hannover wieder auf. 1919 erscheint „Geschichte als Sinngebung des Sinnlosen“. 1920 erfolgt die Gründung der „Freien Volkshochschule“ in Hannover-Linden, an der Lessing als Dozent mitarbeitet. Seine Frau Ada bleibt bis 1933 die Geschäftsführerin der

[24] Zum Verhältnis Lessing-Klages und zum Bruch der Freundschaft durch Klages vgl. den Abschnitt „Theodor Lessing und Ludwig Klages“ in meinem Lessing-Porträt in: II. Jahrbuch für Lebensphilosophie (Thema: Leib-Denken), hg. v. R. J. Kozljanič, München 2006, S. 253-291, hier: 257-261.

Volkshochschule. Ab 1922 ist Lessing als freier Mitarbeiter des „Prager Tagblattes“ tätig. 1922 erhält er eine nicht-beamtete außerordentliche Professur an der TH Hannover, 1923 einen Lehrauftrag für Philosophie der Naturwissenschaften.

1924 erstattet Lessing im Rahmen seiner journalistischen Tätigkeiten Bericht über den Fall „Haarmann“ bzw. den Prozess gegen den gleichnamigen, pädophil und kannibalistisch veranlagten Massenmörder. Seine bürokratiekritische Berichterstattung stößt bei der Obrigkeit und bei obrigkeitshörigen Bürgern auf Ablehnung. 1925 erscheint sein kleines und feines Werk über „Nietzsche“ sowie die Publikation „Haarmann: Die Geschichte eines Werwolfs“. Im gleichen Jahr erscheint ein kritisch-ironisches Porträt des Präsidentschaftskandidaten Hindenburg. Lessing zeichnet Hindenburg darin als einen netten, bürgerlichen, soldatisch-obrigkeitsgläubigen Mann mit guten Offiziersmanieren. Gefährlich seien jedoch die dunklen politischen Kräfte hinter ihm. Denn, so Lessing am Ende seines Artikels, die Geschichte zeige leider immer wieder, dass „hinter einem Zero [wie Hindenburg] immer ein künftiger Nero verborgen steht“.[25] Die Geschichte sollte Lessing Recht geben. Nach Hindenburg kam Hitler. Es ist nicht zu verwundern: Lessings kritisches Hindenburg-Porträt erregt einiges Aufsehen. Völkische und nationalistische Kreise zetteln deshalb eine antisemitische Kampagne gegen Lessing an. Lessing wird öffentlich gemobbt und privat schikaniert. 1926 verzichtet Lessing unter öffentlichem Druck auf weitere Vorlesungstätigkeiten. Das preußische Kultusministerium wandelt seinen Lehrauftrag in einen Forschungsauftrag um.

1927 erscheint die vierte Auflage von „Geschichte als Sinngebung des Sinnlosen“. „Europa und Asien“ wird, völlig neu bearbeitet, 1930 zum fünften Mal aufgelegt. Im gleiche Jahr erscheint „Der jüdische Selbsthaß“. 1931 reist Lessing nach Ägypten, Palästina und Griechenland. Am 30. 8. 1933 wird er im tschechoslowakischen Exil in Marienbad von zwei sudetendeutschen Nationalsozialisten hinterrücks erschossen. Die Nazis hatten zuvor eine Prämie von 80000 RM auf seinen Kopf ausgesetzt. Eine Ahnung von einem möglichen gewaltsamen Ende seines Lebens beschlich Lessing schon früher. 1925, als sich die Lage für ihn zuzuspitzen begann, schrieb er: „Es ist möglich, daß solch ein fanatischer Querkopf mich niederschlägt, wie sie Rathenau und Harden niedergeschlagen haben. Nun, dann werde ich zu Gott beten, daß es schnell geschehe. Am Leben gehangen, das habe ich nie.“[26]

---

[25] Prager Tagblatt vom 25. 4. 1925, S. 3.

[26] Lessing, T.: Einmal und nie wieder, a. a. O., S. 411. – Die in diesem Abschnitt von mir zusammengestellten Lebensdaten sind in erster Linie Lessings Autobiografie „Einmal und nie wieder“ sowie dem Buch von Rainer Marwedel „Theodor Lessing 1872-1933, Eine Biographie“ (Darmstadt, Neuwied 1987) und dem hervorragenden Lessing-Porträt von Hans Stern „Theodor Lessing (1872-1933)“ (in: Theodor Lessing – Wortmeldungen eines Unerschrockenen, Publizistik aus drei Jahrzehnten, hg. v. H. Stern, Leipzig, Weimar 1987, S. 7-48) entnommen.

VI. Zivilisation 100 Jahre nach Klages und Lessing

Wo stehen wir heute, 100 Jahre nach „Mensch und Erde“ und „Europa und Asien – Untergang der Erde am Geist“? Im Prinzip gibt es alle Probleme und Phänomene, die Klages und Lessing anprangern, auch heute noch; nur eben, die meisten in einer – damals (letztlich auch noch heute!) unvorstellbar – verschärften Art und Weise. Um einige Beispiele zu nennen:

- Das Artensterben: Pro Tag sterben bis zu 130 Tierarten aus. Pro Tag! Nach einer Studie des Stockholm Resilience Centre von 2009 wurde damit der Grenzwert für ein ökologisch verkraftbares Artensterben um das über 1000 %ige überschritten. Damit ist das Artensterben ein noch größeres ökologisches Problem als der Klimawandel. Es wird aber vergleichsweise wenig darüber in den Medien berichtet. Eine wichtige – wenngleich nicht die einzige – Ursache ist der ungeheure und immer noch ansteigende Raubbau an der Natur, besonders gravierend in Form von Abholzung und Abfischung. Der Raubbau, der für unzählige Menschen (v. a. indigener Kulturen) Zerstörung ihre Lebensgrundlage und ihres Lebens bedeutet, wird von gewissenlosen und über Leichen gehenden Profiteuren betrieben: das sind meist global agierende, börsenvernetzte Konzerne und korrupte Politiker.
- Betrachten wir einmal das Abholzen bzw. Entwalden riesiger Landflächen. Unter Abrechnung der Flächen, die aufgeforstet wurden, beträgt der jährliche Verlust an Wald allein in Lateinamerika ca. 4,3 Millionen Hektar; wobei sich die Entwaldung ab dem Jahr 2000 um 500.000 Hektar pro Jahr beschleunigt hat. Die Papierindustrie ist hierfür bei Weitem nicht die einzigste, wohl aber eine wichtige Ursache. Deutschland ist nach China, USA und Japan der viertgrößte Papierproduzent weltweit.
- Die Verschmutzung und Verpestung der Luft. An klaren Tagen ist die dreckig-bräunliche Luftschicht besondes deutlich zu sehen. Wie ich selbst beobachten konnte, ist diese Smogschicht in den Alpen innerhalb der letzten 25 Jahre deutlich gestiegen. So reichte die dreckig-bräunliche Dunstschicht in den Bergen von Nordtirol Ende der 1980er Jahre bei ungünstiger Smoglage maximal bis auf 1600 m Höhe. Darüber war ein kräftig-blauer und unverschmutzt-klarer Himmel zu sehen. Seit mindestens 10 Jahren reicht diese Schicht meist bis auf 3000 m Höhe. Nur noch die über 3000 m hohen Gipfel des Alpenhauptkammes ragen – manchmal – über die Dreckschicht hinaus. Das von mir beobachtete Phänomen ist eigentlich deutlich und eindeutig zu sehen. Erstaunlich, dass mir aus Medien und Wissenschaft noch nichts davon zu Ohren gekommen ist. Zugleich nimmt der benzin- und diesel-betriebene Verkehr zu – mit ihm die Atemwegserkrankungen; und die Entwicklung sparsamer Autos und E-Mobile wird nach wie vor verhindert und verzögert. Gleichzeitig werden auf Kosten der Natur und des lebenswichtigen Mediums

Luft von der Öl- und Autoindustrie (und natürlich an der Börse) gigantische Gewinne eingefahren. Diese Gewinne landen auf den Konten von immer weniger Menschen, die immer reicher werden. Die Politiker schauen zu, nicken ab und streichen horrende Parteispenden und Vortragshonorare ein.

- Gewissenlose Börsenspekulation auf Grundnahrungsmittel mit globalen Auswirkungen wie Hungerkatastrophen und Kriegen in den sogenannten ‚Dritte-Welt-Ländern'. Doch wir müssen gar nicht so weit gehen. Fast in jedem Supermarkt finden wir Nahrungsmittel oder Blumen aus armen Ländern (z. B. in Afrika), in denen Menschen verhungern. Besonders realistisch und schockierend werden diese Zusammenhänge in dem Dokumentarfilm „Darwin's Nightmare" (Hubert Sauper 2004) geschildert. Der Film handelt von der Vermarktung des Nilbarsches aus dem ostafrikanischen Viktoriasee. Dort wurde diese Raubfischart in den 60er Jahren ausgesetzt, hat inzwischen fast alle heimischen Fischarten verdrängt, trägt zum Umschlagen eines der größten Süßwasserseen bei. Es wird aber nichts dagegen unternommen, denn der Nilbarsch verkauft sich gut – nach Europa. Während wöchentlich mit großen Transportflugzeugen tonnenweise Nilbarschfilets aus Mwanza (Tansania) nach Europa geflogen werden, leben, arbeiten und sterben die Menschen (Erwachsene wie Kinder) um den Viktoriasee in unvorstellbaren menschenunwürdigen Verhältnisen. Während vor Ort verwaiste Straßenkinder um's Überleben kämpfen, im wörtlichen Sinne den letzten Dreck fressen, Lösungsmittel schnüffeln, während dort Männer und Frauen in ihrer Ausweglosigkeit ‚freiwillig' schwer krankmachende Sklavenarbeit verrichten, sich prostituieren, um schlussendlich doch an Hunger oder an Aids zu sterben; währenddessen konsumieren wir Fischfilets vom Viktoriasee. Die meisten europäischen Flugzeuge, die dort landen, kommen leer an, werden beladen und fliegen die Filets zu uns. Einige wenige bringen hie und da UN-Hilfsmittel (z. B. im Bürgerkrieg von Ruanda), einige andere bringen (illegale) Waffenlieferungen, die dann z. B. in angrenzende Länder geschmuggelt werden. Womit ich bei einem weiteren Punkt wäre:
- Kriegstreiberei und Kriegsgewinnerei. Die Rüstungsexporte der Industrienationen florieren. Krieg wird aber anderswo geführt – und geschürt. Welches Fass ohne Boden allein die deutsche Rüstungsindustrie[27] mit ihren offiziellen Waffenhändlern und inoffiziellen Waffenschiebern, ihren Millionen-Provisionen und ‚Parteispenden'[28] ist, hat der Fall „Karlheinz Schreiber" gezeigt. Der „Fall Schreiber" ist engstens mit der CSU und der Familie des CSU-Politikers Franz Josef Strauß verknüpft, aber auch eng mit der CDU, z.

---

[27] Ich nenne beispielsweise die Konzerne ThyssenKrupp und Krauss-Maffei, die schon in der Nazi-Zeit eine Schlüsselrolle in der Rüstungsindustrie spielten.

[28] Sogenannte ‚Parteispenden' sind oft nicht viel anderes als (nach wie vor) legale Politikerbestechungsgelder.

B. mit Wolfgang Schäuble. Aber auch andere Parteien sind mit verstrickt. Bei genauer Betrachtung der Affäre, bei Hinzuziehung der gesamten Hinhalte- und Verschleierungsstrategien, der Drohszenarien und der ungeklärten Todesfälle, stellt sich die Frage, ob man/frau es hier nicht mit mafiösen Strukturen zu tun hat bzw. wo und wie die Unterschiede gelagert sind.

- Stichwort „Landraub". Hier verweise ich auf das Buch von Stefano Liberti: „Landraub – Reisen ins Reich des neuen Kolonialismus" (Berlin 2012). Mag sein, dass der Klappentext etwas übertreibt. Schließlich will auch das Verlagswesen seine Umsätze erhöhen – und tut das ja auch fleißig. Wer sich aber auskennt, weiß, dass es – leider – ganz nahe an der Wahrheit ist: „Es ist der größte Landraub der Geschichte: Seit der Krise 2008 bringen weltweit Regierungen, Konzerne und ‚Finanzinvestoren' fruchtbares Ackerland in ihren Besitz, vor allem in Afrika. Dort ist Land billig, es locken fantastische Gewinne. Ob als Produktionsort für Export-Gemüse und Bio-Fuel-Kraftstoff oder schlicht als Spekulationsobjekt, der Wettlauf um die besten Böden ist in vollem Gange. Die Folgen sind bestürzend, denn gerade dort, wo verheerende Hungersnöte herrschen, können die Menschen selbst nichts mehr zur Linderung ihrer Not beitragen. Ein hochprofitables Geschäft, welches das Antlitz unseres Globus verändern wird."
- Menschenhandel, Zwangsprostitution, Kinderarbeit, Migrant/inn/enschieberei. Auch das ein Thema, das älter ist; zugleich aber in unserer globalisierten Zeit teilweise neue Strukturen und größere Dimensionen erreicht. Etwa durch national wie international agierende Mafiaverbände, die – oft über dazwischengeschobene Tarnfirmen, Geld- und „Menschen"-Wäsche-Strategien, dem ‚Geschäft' den Anschein von Legalität geben – und so direkt oder indirekt etablierten Firmen zuarbeiten. Alle, außer die Ausgebeuteten selbst, profitieren davon: die Mafia macht gute Geschäfte, Firmen und Politiker können immer so tun, als wüssten sie von nichts; und wir – als Konsumenten – profitieren auch. Je besser die Mafia tarnt, umso reiner kann unser Gewissen sein.

Soweit einige Probleme, die aufmerksame und nicht-verdrängungs-bereite Menschen wie Theodor Lessing und Ludwig Klages auch schon vor hundert Jahren beobachten konnten; – wenngleich, wie gesagt, noch nicht in diesem hemmungslos entfesselten Ausmaß. Und trotzdem war es Anfang des 20. Jahrhunderts schon schlimm genug. So schlimm, dass Theodor Lessing 1921 noch einmal mächtig nachhaken musste und zurecht von der „verfluchten Kultur" des Abendlandes sprach:

> „Überall erscheint dieser demutdünkelhafte, liebesäuselnde christliche kaukasische Mensch, dieser Nomade in der Wüste der Mechanik, als der Erde selbstgerechtester Verwissenschaftler und Verwillenschaftler. Als der machtwillige Übermächtiger und Vergewaltiger alles schutzlos stillen Lebens. –

Mittels Schießpulver und Buchdruck, der satanischen Erfindungen des deutschen Geistes, zerstampft er den Schlaf der Erde, schlägt nieder die Eichen Virginias und die Tannen Norwegs und macht daraus bedrucktes Papier. Von Indien bis nach Korea und Japan macht er Menschen von der Schönheit stummer Blumen, gleich uns zu Rechnern und Schwätzern. [...] bis hin zu den fernen Handelsplätzen am Amazonasstrom, wo die letzten Indianer und Neger nicht anders gehalten werden als die Lama- und Kamelherden des Plantagenkönigs, überall ist die Erde überspannt von dem riesigen Gewebe rechnender Zweck- und Gewinnlust. Vom Nutzen abgenutzt. So handfertig als kopffertig. So ausdeutbar als ausbeutbar. Verwortet und verwertet."[29]

So Lessing 1921. Doch, wie gesagt, das ist ja leider längst nicht alles. Denn es gibt nun schon seit Jahrzehnten Naturzerstörungen und -verschmutzungen, Menschen- und Naturausbeutungen, Lebensbedrohungen und -pervertierungen von ganz neuer Art und Dimension. Um einige zu nennen:

- Die ganze Palette atomarer Gefahren, Bedrohungen, Verschmutzungen, Katastrophen. Havarierende Atommeiler (z. B. Gundremmingen Block A, Harrisburg, Tschernobyl, Fukushima). Legal und illegal entsorgter Atommüll: z. B. in Atlantik, Pazifik, Nordsee, Ostsee und Mittelmeer verklappter radioaktiver Abfall; oder geheime Atommüllexporte von Frankreich und Deutschland nach Sibirien und Kirgistan, wo die Atomfässer unter freiem Himmel lagern. (Zur Erinnerung: Atommüll behält seine radioaktive Strahlung sehr sehr lange. So beträgt die Halbwertszeit von Plutonium-239 etwa 24.000 Jahre). Wie kriminell und verlogen die Atomindustrie immer wieder verfährt, ist hinlänglich bekannt. Es geht hier nur um's Geld. Gesundheit und Leben zählen nicht. Ich verweise auf den Dokumentarfilm „Albtraum Atommüll" (Arte 2009). Großgewinner dieser unverantwortlichen Atomtechnik und Atompolitik sind nicht nur die großen Stromkonzerne (wie z. B. Eon, RWE und Vattenfall), sondern auch Konzerne wie etwas Areva und Siemens – und der ganze Rattenschwanz involvierter Aktionäre ...
- Atombomben in Händen unverantwortlicher Großmächte (z. B. in den Händen der USA)[30] sind ein ganz eigenes Problem. Atombomben in Händen noch unverantwortlicherer kleinerer Mächte auch.
- Die Komplett-Vermüllung des gesamten Planeten und seiner Umgebung; und damit meine ich nicht nur die Unmengen an Müll, die bei uns verbrannt, vergraben oder versteckt werden, nicht nur die Unmengen, die wir in arme Län-

[29] Lessing, T.: Die verfluchte Kultur, a. a. O., S. 24f.

[30] V. a. wenn die Vereinigten Staaten von Amerika, wie es ja immer wieder vorkommt, von solch gestörten neoliberalen Fundamentalisten wie George W. Bush jr. regiert werden.

der exportieren oder (legal und illegal) im Meer versenken;[31] auch nicht nur den Müll, den wir im Weltall hinterlassen. Ich meine auch Müll- und Giftansammlungen viel subtilerer Art; Müll, der uns unter die Haut gegangen ist: Belastung der Muttermilch mit Giftstoffen (PCB und DDT) und Schwermetallen, Plastik in unserem Blut. Gerade das Beispiel Plastik ist lehrreich. Jährlich werden weltweit an die 240 Billionen Tonnen Plastik produziert. Dieses Plastik ist nicht ganz so harmlos. Es enthält teilweise Schwermetalle, oft auch das östrogenartig wirkende Bisphenol A. Bisphenol A ist beispielsweise in Kunststoffen aus Polycarbonat, Vinylesterharz und Epoxidharz enthalten. Inzwischen findet sich sechs mal so viel Plastik wie Plankton in den Weltmeeren.[32] Bisphenol A ist in unseren Körpern leicht nachweisbar. Wegen seiner östrogenartigen Wirkung ist es für Männer nicht unbedenklich. Es senkt die Spermienproduktion z. Z. um ca. 40 %. Ich empfehle hier den Dokumentarfilm „Plastic Planet“ (Werner Boote 2009); dieser Film zeigt auch, wie Plastik- und Ölindustrie diese Zusammenhängen zu verschleiern suchen und wie viele machthabende Politiker die Augen so lange zu machen (und kassieren) als es irgend geht.

- Zivilisationsbedingte Auflösung der Ozonschicht mit Verstärkung der Sonneneinstrahlung und Folgen wie starken Sonnenbrand und Hautkrebs – auch bei Haus- und Wildtieren.
- Zivilisationsbedingte Erderwärmung, Treibhauseffekt und Klimawandel, Abschmelzen der Gletscher, Ansteigen des Meeresspiegels, vermehrtes Auftreten von extremem Wetter. Um ein Detail – diesmal kein zentrales, aber doch ein bezeichnendes – aus der komplexen Angelegenheit herauszugreifen: die Schädlichkeit von Langstreckenflügen. Solche Flüge pumpen nämlich ebenfalls sogenannte Treibhausgase in die Atmosphäre – und zwar in großer Höhe, wo sie sich länger halten bzw. nur langsamer abgebaut werden können. Während noch 1990 der Anteil des Flugverkehrs an Klimagasen ca. 2 % betrug, hat sich dieser Wert nun schon längst verdoppelt. Tendenz steigend. Der Flugtreibstoff Kerosin bzw. AvGas ist aber bis heute in Deutschland (ohne nachvollziehbaren Grund) zur gewerbsmäßigen Beförderung von Personen oder Sachen steuerbefreit und damit subventioniert. Eine Tatsache, die sich umweltpolitisch nicht rechtfertigen lässt. Was für eine Schweinerei bzw. Geldmacherei mag da nur wieder dahinterstecken?
- Genmanipulation und Patent auf Leben. Dieses Thema übertrumpft m. E. viele andere. Oder einmal so gefragt: Wie skrupellos muss man/frau eigentlich sein, um biochemisch die *Erbsubstanz* von Lebewesen genetisch verändern zu wollen? Man/frau schraubt hierbei ja nicht an einem Auto oder einem

[31] Vgl. Mattioli, S. u. Palladino, A.: Die Müllmafia. Das kriminelle Netzwerk in Europa, München 2011.

[32] Soweit meine Informationen. Lt. Derrick Jensen sogar zehn Mal so viel (s. u.).

Ikearegal herum. Sondern man/frau greift in Lebewesen ein, die sich bzw. ihre Erbsubstanz *prinzipiell* fortpflanzen können; Lebewesen, die in kaum überschaubar langen Zeiträumen evolutionär das geworden sind, was sie heute sind; und die sich in kaum überschaubaren Zeiträumen weiterentwickeln werden. Also nochmal: Wie skrupellos muss man/frau sein, um einen eventuell bis in fernste Zukunft sich fortpflanzenden Organismus trial-and-error-mäßig[33] *im Innersten* zu manipulieren – ohne dass man/frau um die Kurzzeitfolgen wüsste, von den Langzeitfolgen gar nicht erst zu sprechen? Nur aus wissenschaftlicher Neugier und Machbarkeitsgeilheit? Aus finanziellen Interessen? Zur Bekämpfung von Krankheiten (die meist zivilisationsbedingt sind)?[34] Man/frau hantiert bei alldem, ohne dass man/frau ein *Gefühl dafür* und ein *Bewusstsein davon* hätte, was man/frau da eigentlich tut, was man/frau dem Leben bzw. dem Lebewesen antut?[35] So wurde, um ein Beispiel zu nennen, an der Universität Harvard von Philip Leder und Timothy A. Stewart mit Hilfe von Retroviren menschliche Brustkrebsgene in Mäuseembryonen übertragen. Resultat: die sogenannte „OncoMouse™", die leichter an Tumoren erkrankt als andere Mäuse. Man/frau meint, sie sei für die Krebsforschung wichtig. 1992 wurde die „OncoMouse™" vom Europäischen Patentamt vorläufig patentiert, 2004 wurde das Patent bestätigt. Ich frage: Woher nehmen Leder/Stewart das Recht solch eines skrupellosen Eingriffs? Woher nimmt das Patentamt das skrupellose Recht, hier ein Patent zu verleihen? Woher? Weder ethisch noch demokratisch ist so etwas zu rechtfertigen. Den meisten Menschen ist das sonnenklar. Die skrupellosen Machteliten boxen's trotzdem durch. Beispiel Österreich: Hier „haben im Jahr 1997 mehr als 1,2 Millionen Menschen das Gentechnik-Volksbegehren unterschrieben, damit war es das zweiterfolgreichste. Eine zentrale Forderung lautete: ‚Kein Patent auf Leben.' Die EU-Biopatentrichtlinie von 1998 und die Umsetzung in Österreich 2005 ignorierten diese beeindruckende demokratische Willenskundgebung, deshalb formulierten Anfang 2005 mehr als 120 Organisationen folgenden Appell: ‚Der Mensch hat weder den Menschen noch Tiere, Pflanzen oder deren Bestandteile erfunden. Deshalb können diese auch nicht patentiert werden. Die Artenvielfalt ist ein Geschenk der Natur und Ergebnis agrarkultureller Leistungen vieler Generationen von Bäuerinnen und Bauern. Die Rechte der Tier- und Pflanzenzüchter sind ausreichend geschützt. Deshalb

---

[33] In den meisten Fällen ganz plump und unkritisch nach dem Prinzip „Einfach mal schauen, was geht".

[34] Krankheitsbekämpfung ist meist nur ein vorgeschobenes Argument, um an Forschungsmittel zu kommen; und wenn es als tatsächliches Argument dienen würde, wäre es noch längst kein Argument, das Alles rechtfertigt.

[35] Die verharmlosende Gleichsetzung mit konventioneller Züchtung, der man hin und wieder begegnet, zeigt nur, dass man nicht nur skrupellos, sondern obendrein auch noch dumm ist. Eine nicht ungefährliche Mischung.

verwerfen wir alle Versuche, das für technische Erfindungen geltende Patentrecht auf Menschen, Tiere, Pflanzen oder deren Bestandteile wie Gene auszuweiten.' Dieser Forderung ist nichts hinzuzufügen."[36]

- Ein Punkt, den man/frau rein ökologisch gesehen vielleicht als weniger gravierend einstufen mag, der es aber aus naturästhetischer Sicht durchaus ist: dass der letzte, vom Menschen und seiner Besitz- und Machtgier noch nicht vereinnahmte Anblick – der des bestirnten Firmaments – inzwischen ebenfalls tangiert ist. Und ich meine damit nicht das Streulicht der Städte und die Luftverschmutzung, die auch in klaren Nächten nur noch ein paar wenige armselige Sterne durchleuchten lassen. Ich meine auch nicht die Flugzeuge, die den Nachthimmel auch in einsamsten Gegenden zischend durchschneiden. Ich meine die Satelliten, die als leuchtend über den Himmel fahrende Punkte den letzten seelenberuhigenden Anblick irritieren; auch da, wo weder Streulicht, Dreckluft und Flugzeuge sind. Aus naturästhetischer und mythischer Sicht eine absolute Verschandelung und Entheiligung des vormals unendlich göttlichen Nachthimmels. Dass der sichtbare Inbegriff des ewigen und unendlichen Nicht-Vom-Menschen-Gemachten – der bestirnte Nachthimmel – nun mit banalen menschlichen Nutzvehikeln überzogen und tangiert wird; dass die alles vereinnahmenden Greif- und Wixhände der Zivilisation auch am Himmel herumfingern: das mag abgestumpften Zeitgenoss/inn/en belanglos erscheinen, wird aber von einem/einer echten Naturfreund/in und Mythiker/in als blasphemisch empfunden.

VII. Naturschutz, Menschenrechte, Zivilisationskritik heute

Nun ist es keinesfalls so, dass die frühen Naturschützer/innen und Zivilisationskritiker/innen Ende des 19., Anfang des 20. Jahrhunderts nichts erreicht hätten. Sie haben – immer im Verhältnis gesehen – so Einiges erreicht, Vieles, das bitte heute besteht und fortwirkt. Etwa die Ausweisung von Naturschutzgebieten, Natur- und Nationalparks schon im 19. Jahrhundert und dann die Naturschutz- und Denkmalschutzgesetze der ersten Jahrhunderthälfte des 20. Jahrhunderts. Gleiches gilt für die zweite große Naturschutz- und Öko-Welle der 70er bis 90er-Jahre – eine Welle, die ja, genau besehen, noch keinesfalls abgeebbt ist. Die Erfolge sind angesichts der psychologischen und politischen Hindernisse, angesichts der global agierenden und in's Ungeheuerliche angewachsenen Gegenmächte (National- und Wirtschaftsinteressen, Großbanken und Finanzmärkte, Medien- und Industriekonzerne) beachtlich.

---

[36] Felber, C.: 50 Vorschläge für eine gerechtere Welt. Gegen Konzernmacht und Kapitalismus, Wien 2006, S. 212f.

Einflussreiche Verbände wie Greenpeace, Amnesty International, World Wildlife Fund, Robin Wood, Attac, aber auch spontane Initiativen wie die Occupy-Bewegung, Institutionen wie die UNESCO mit ihren geschützten Welterbelandschaften (Kultur- wie Naturlandschaften), im Nationalrecht wie EU-Recht verankerte Naturschutz- und Umweltgesetzgebung, ökologische Parteien, Internationaler Strafgerichtshof der UN gegen Völkerrechtsverletzungen, und und und. Die heutigen Naturschützer/innen, Menschenrechtler/innen und Globalisierungskritiker/innen sind weltweit bestens vernetzt, agieren medienwirksam, polit- und ideologie-strategisch geschickt, ‚werbepsychologisch' versiert und meist auf hohem Differenzierungs- und Aufklärungsniveau. Wie haben sie dazu gelernt! Dort, wo viele Politiker – rückgratlos und korrumpierbar wie sie als Machtmenschen nun meistens sind – versagen, spielen die sogenannten „Nicht-Regierungs-Organisationen" (NRO; oder englisch: NGO für „Non-Governmental Organization") weltweit eine (in den Medien kaum angemessen gewürdigte) Schlüsselrolle als Bewahrer und Förderer echter Basis- und Lebensdemokratie. Wenn es sie nicht gäbe, wären wahrscheinlich auch die letzten Grundpfeiler demokratischen Denkens und Handelns unter dem plutokratischen Druck der Machteliten gestürzt und die heutigen Gerade-noch-Demokratien in neoliberale, McKinsey-beratene Wirtschaftsdiktaturen verwandelt worden.

Zwischenfrage: Wieso nennt eine Bekannte von mir, die lange in eine Frankfurter Großbank gearbeitet hat, McKinsey-Berater/inn/en immer nur McKinsey-Wixer? Nun ja, sie weiß, glaub' ich, wovon sie spricht ...

Die „Nicht-Regierungs-Organisationen" (komisches Wort eigentlich) haben enorm dazugelernt. Etwas übertrieben und der ersten, zweiten, dritten Generation nicht gerecht werdend, könnten man/frau sagen: Aus den alt(geworden)en Schwarzmaler/inne/n, Selbstkasteier/inne/n und Pessimist/inn/en sind kreativ-bunte junge Aktivist/inn/en geworden, die nach dem Motto handeln: „Wieso soll David bei seinem Kampf gegen Goliath nicht auch jede Menge Spaß haben dürfen?" Und sie haben recht: Die Situation ist oft frustrierend und aussichtslos genug, gerechter Zorn ist stets in Gefahr, in blinde Wut und Fundamentalismus oder in stumme Resignation und Verdrängung umzuschlagen. Empathie mit allen Ausgebeuteten, Solidarität mit allen, ihrer Rechte, Werte und ihres Lebens Beraubten, sind stets in Gefahr, in Desinteresse, Desillusion, Abstumpfung und ein „Es hat ja doch alles keinen Sinn, ich kümmere mich nur noch um mich und meine Sachen" umzuschlagen. Ohne Phantasie, Humor, Kreativität, Spiellust, Ironie, Hoffnung, Erfindergeist und die Kraft wilder, freier, noch unvereinnahmter und unangepasster Visionen ist man/frau da verloren. Hinzu kommt, neben dem Wissen um die Notwendigkeit des zivilen Ungehorsams, ganz einfach auch die Lust an subversiven basisdemokratischen und anarchischen Aktionen, die, selbst wenn sie der Sache nicht immer förderlich sein sollten, so doch nie so destruktiv sein können, wie die durch die kapitalistisch-technologische Zivilisation bedingten globalen Gewalttätigkeiten.

Nur mit einem Schalk in der Seele ist heute ein *modus vivendi* möglich, der nicht in Frustration und Negativität endet, sondern um die Wunder- und Wandelkraft des Lachens weiß. Vielen der heutigen Aktivist/inn/en gelingt die lebenskünstlerische Gratwanderung vom Gutmenschen zum Wutmenschen bis zum Mutmenschen ohne hängen zu bleiben oder abzustürzen. Für sie gilt das frechgrinsende Motto „Immer mehr Ideen haben, als das System vereinnahmen und/oder zerstören kann." Sich den ideellen Überschuss, den menschlich-kreativen Mehrwert vom mega-kapitalistischen Mehrwert-Denken nicht nehmen lassen. Dem heutigen Leben als vollsinnlicher, unverbogener, unvereinnahmter Mensch (also als Mensch mit Bauch und Herz und Kopf) in's Auge schauen. So wie es ist. Mit seinen Abgründen, Verzweiflungen, Katastrophen, Apokalypsen. Aber eben auch mit all dem, was Anteilnahme und Solidarität, Gegenwehr und gerechter Zorn, subversive Energie und kreative Fantasie, Alternativen-Denken und Alternativen-Leben erreicht haben und an Schönem ermöglichen.

Nietzsche schrieb einmal: „Ihr höheren Menschen, euer Schlimmstes ist: ihr lerntet alle nicht tanzen, wie man tanzen muss – über euch hinweg tanzen! Was liegt daran, dass ihr missriethet! Wie Vieles ist noch möglich! So *lernt* doch über euch hinweg lachen!"[37] Heute gilt für viele der Naturschützer/innen und Zivilisationskritiker/innen, dass sie sich nicht als höhere, sondern, wenn man/frau so will, als tiefere Menschen erleben; dass sie wissen, dass Vieles an ihnen und ihren Zeitgenoss/inn/en, dass das Meiste an ihrer Zivilisation missraten ist; und dass sie den Mächtigen, Herrschenden, Institutionalisierten, Blasierten und Etablierten – die ihnen immer nur sagen, dass die kapitalistische-zivilisatorische Entwicklung „alternativlos, alternativlos, alternativlos" sei – lachend und tanzend erwidern: „Wie Vieles ist noch möglich! Wie Vieles ist jetzt schon möglich! Abertausend Alternative(n) umgeben mich, abertausend Alternative(n) beleben und ermutigen mich. Über euch und eure missratene Ideologie und Maschinerie kann ich nur hinwegtanzen, hinweglachen". Man/frau sieht: Sie haben von Nietzsche gelernt, nur nicht ganz so, wie der selbst vom Machtwillen umnebelte Nietzsche meinte ...

Sie wissen, was das heißt: Sich und Anderen nichts vormachen. Nicht im Hamsterrad des Konsumismus mitlaufen. Sich nicht vom zivilisierten und zivilisierenden System in ein Eck drängen lassen. Radikal sein, aber auf die eigene Art, nicht dadurch, dass man/frau sich radikalisieren lässt. Sich denken: „Es ist ja recht, wenn Ihr Eure alten sklerotischen Vorurteile habt und liebt und schürt; es ist auch recht, wenn Ihr aufgrund neuer Situationen neue Vorurteile hegt und pflegt und Euch so von allen nicht-konformen Erfahrungen abschirmt. Das heißt aber noch lange nicht, dass ich mich gemäß Euren Vorurteilen verhalten muss. Oder gar nach Eurer ‚Moral' oder nach dem, was ihr als ökonomisch angemessene ökologische Politik versteht."

---

[37] Nietzsche, F.: Also sprach Zarathustra, in: Kritische Studienausgabe, Bd. 4, hg. v. G. Colli u. M. Montinari, München 1999, S. 367.

Man/frau muss sich all das vor Augen führen, um zu verstehen, wo einer der kreativsten, radikalsten, lebensdemokratischsten und liebevollsten Naturschützer und Zivilisationskritiker – Derrick Jensen – heute steht und von wo aus er argumentiert.[38]

Derrick Jensen (geb. 19. 12. 1960) ist us-amerikanischer Naturschützer, Umweltaktivist, Farmer, Bienenzüchter, Lehrer, Schriftsteller und Philosoph. Er ist ein brillianter und kurzweiliger Erzähler, ein hervorragender Rhetoriker und Stilist, ein scharfer Geist und unbestechlicher Denker mit einem großen Herzen (am rechten Fleck), dessen Hauptbeweggründe solidarisches Mitgefühl und gerechter Zorn sind.

Jensen ist radikal, oftmals politisch nicht korrekt. Dies aber nicht, wie manch andere, um unter der Hand faschistoide, elitäre, totalitäre, fundamentalistische oder andere autoritäts-hörige und antidemokratische Ideen einzuschleusen, sondern weil er insgeheim an ein uraltes und zugleich topmodernes utopisches Ideal glaubt. Dieses Ideal könnten man/frau, in meinen Worten, das einer biozentrischen Basisdemokratie oder einfach: das Ideal einer Lebensdemokratie nennen. Ich meine damit eine Lebensdemokratie des solidarischen Miteinander. Ein Bewusstsein davon, dass ich, wie es Albert Schweitzer einmal ausdrückte, Leben bin, „das leben will, inmitten von Leben, das leben will“.[39]

Dieses Ideal sollte weder mit einem fundamentalistischen Pazifismus noch mit biologistischen Ideologien oder anderen Kopfgeburten verwechselt werden. Lebensdemokratie kann und will die Tatsache nicht ignorieren, dass die Menschen eine besondere Stellung in der Natur einnehmen; weshalb sie aber noch längst nichts Besonderes bzw. Besseres sind, sondern in erster Linie eine besondere Verantwortung tragen. Lebensdemokratie kann und will auch die Tatsache nicht ignorieren, dass Leben nicht nur ‚Friede-Freude-Eierkuchen' bedeutet, sondern auch Leid, Konflikt, Kampf, Fressen und Gefressen-Werden mit einschließt – nicht aber den egoistischen Willen zur Macht, nicht den autoritätshörigen Geist, nicht die kapitalistisch-entfesselte Gier, nicht die alles-verschlingende Maßlosigkeit heutiger Zivilisation.

Die Schlüsselkompetenz eines lebensdemokratischen Menschen heißt Solidarität. Echte Solidarität meint etwas wie: Mitgefühl mit und Hilfe für alle diejenigen, die ganz unten sind. Solch eine Solidarität ist ganz nah an dem, was man/frau

---

[38] Mein ganz besonderer Dank geht an Stefan Spiecker (www.terranatura.at), der mich auf der Röthensteinalm in den bayrischen Bergen mit Derrick Jensens Schriften bekannt machte. Herzlichen Dank Stefan!

[39] Schweitzer, A.: Kultur und Ethik, München 1960, Kap. „XXI. Die Ethik der Ehrfurcht vor dem Leben“ S. 328-353, hier: 330.

Nächstenliebe nennt, nur dass die Nächsten hier eben nicht nur Menschen, sondern alle Lebewesen und Lebenszusammenhänge sind: „Mitakúye Oya'sin" „All meine Verwandten" wie die Lakota-Indianer/innen zu sagen pflegen. Und dass die Nächstenliebe hier nicht dazu missbraucht wird, den solidarisch-gerechten Zorn zu dämpfen und zu ersticken. Nicht zu verwechseln ist echte Solidarität mit ihrer falschen Scheinformen, den antidemokratischen, autoritätsverherrlichenden, institutionalisierten, machtideologischen, programmatisch aufgesetzten Solidaritäten der politischen Zwangsparteien und Parteizwänge, der Rechts-Außen-Burschenschaften und faschistoiden Gruppen, der meisten Kirchen und Sekten, der Nach-Oben-Ducker und der Nach-Unten-Treter. Denn diese falschen Solidaritäten benötigen v. a. eines: Einhaltung des Programms, Opportunismus, ideologische Linientreue, dogmatisches Pharisäertum. Echtes Mitgefühl mit und Hilfe für die, die nicht dazugehören, die es aber besonders bräuchten: die Ausgebeuteten, Ausgegrenzten, Ihrer-Stimme-Beraubten: das ist hier nicht oder nur sehr eingeschränkt erwünscht. Ebenso wenig erwünscht ist hier: eigenständiges Denken und Fühlen, auf die Stimme der eigenen Vernunft und des eigenen Gefühls hören, ...

Neben dem solidarischen Mitgefühl und dem gerechten Zorn, möchte ich noch kurz zwei weitere wichtige lebensdemokratische Schlüsselkompetenzen erwähnt haben: dialogische Erfahrungsvernunft und freiheitlich-revolutionäre Phantasie.

Zurück zu Jensen: Jensen kritisiert das ‚Prinzip Hoffnung'. Dies aber nicht, weil er nicht um die utopisch-visionäre, um die positiv-kreative Kraft der Hoffnung wüsste. Sondern weil er weiß, dass es auch eine andere Art der Hoffnung gibt; ich nenne sie die angepasste, handlungs-lähmende, bagatellisierende Hoffnung; eine feige Hoffnung voller Ausreden und Ausflüchte, die den gerechten Zorn erstickt. Und Jensen weiß, dass solch eine Hoffnung meist als Opium für das Volk und als Opium des Volkes fungiert. Solange ich Hoffnung habe und mir denke: es ist ja alles gar nicht so schlimm, wir werden die herannahende Katastrophe schon noch abwenden können, bisher ist immer noch alles gut gegangen, es wird mich selbst schon nicht so hart treffen; – solange werde ich auch nichts gegen den Wahnsinn und die Zerstörungswut der Zivilisation tun.

Jensen entlarvt und bekämpft die Zivilisation, weil und insofern sie zerstörerisch und in hohem Maße lebens- und menschenfeindlich ist. Bezeichnenderweise bekämpft er dabei jedoch nicht, wie so manche andere Zivilisationskritiker, das ‚Prinzip Demokratie', um ‚hinten herum' irgendwelch schräges elitäres Gedankengut einzuschleusen. Er lässt sich eben *nicht* politisieren. Anstatt sich in Links-Rechts-Debatten verstricken zu lassen, sich in Kommunismus-Kapitalismus-Diskussionen zu verausgaben, in Fragen nach der richtigen Staatsform, der richtigen offiziellen Philosophie und Organisationsform, wählt er – klug und kreativ – einen anderen Weg. Er geht die Sache mit Herz und Verstand, mit Vernunft und Gefühl direkt an. Eben wie einer, der sich von vereinnahmten Parteien und Institutionen, von systeminternen Diskursen und etablierten Rummel- und Tummelplätzen nicht vereinnahmen hat lassen. Wie einer, der gefühlsmäßig tief in der Wirklichkeit verankert ist und sich von der sogenannten Realität einer „Kultur-Des-Uns-Glauben-Machens" („The Culture of Make Believe")[40] und ihrer angeblichen Alternativlosigkeit nicht beirren lässt.

Jensen ist radikal. Nicht aber, weil er sich hätte frustrieren und radikalisieren lassen, sondern weil es ihm immer und immer um die Radix, die Wurzel, geht. Diese Wurzel ist eine Graswurzel, Jensen ein Graswurzel-Aktivist, ein Barfuß-Denker. Wie jeder Grasbüschel mehrere Wurzeln hat, so auch Jensen. Eine dieser Wurzeln heißt Solidarität mit allen Unterdrückten und Ausgebeuteten. Eine andere heißt gerechter Zorn und bedeutet Kampf gegen repressive Strukturen. Wieder eine andere Wurzel heißt echte und nachhaltige Freiheit. Und eine trägt den Namen kraftvolle Liebe. Und eine Topophilia, Ortsliebe und Ortsverbundenheit.

Jensen ruft zum Widerstand auf, überlegt, ob es nicht besser wäre, z. B. Staudämme zu sprengen als an die (nicht vorhandene) Vernunft der Stromkonzerne zu appellieren. Jensen – und das fällt ja nun heute leider nicht schwer – malt immer wieder apokalyptische Szenarien, um dann die Frage zu stellen: Wollen wir so enden? Und wenn nicht, was tun? Wie können wir dem zivilisatorischen Holocaust des Planeten – dem Omnizid – ein Ende setzen? Er schreckt auch vor revolutionären und rebellischen Erwägungen nicht zurück. Immer mit einem Augenzwinkern.

Bezeichnend ist folgendes Interview, das die Zeitschrift „The Ecologist" mit Jensen führte. Auf die Frage „Durch welches Buch ist Ihnen zum ersten Mal klar geworden, dass etwas nicht stimmt?" antwortete er:

> „Das war kein Buch. Es war die Zerstörung von vielen Orten, die ich liebte, einem nach dem anderen. Und es war der komplette Wahnsinn einer Kultur, in der so viele Menschen in einem Job arbeiten, den sie hassen." Und auf die Frage „Welches Buch würden Sie jedem Politiker in die Hand geben?" sagte Jensen: „Eins, das explodiert. Bevor Sie völlig ausflippen, lassen Sie uns eine andere Frage stellen: Welches Buch würden Sie Hitler, Göring, Himmler und Goebbels zu lesen geben? Oder anders gefragt: Hätte ein Buch Hitler verändert? Ich glaube nicht. Es sei denn, es wäre explodiert. Und bevor Sie jetzt ausflippen, weil ich moderne Politiker mit Hitler und seiner Bande vergleiche, versuchen Sie mal, die Sache aus der Perspektive wilder Lachse, Grizzlybären, Thunfische oder irgendeines (finanziell) armen Menschen oder eines Ureinwohners zu betrachten. Die Herrschenden heute sind schlimmere Zerstörer als irgendjemand vor ihnen. Und die meisten sind psychologisch unerreichbar. Und wenn jemand einen Politiker erreicht, dann ist der nicht länger an der

[40] So der Titel eines in New York 2002 erschienen Buches von Jensen. Vgl. hierzu auch das Kapitel „Leugnen bis zum Abwinken", in: Jensen, D.: Endgame. Zivilisation als Problem, München und Zürich 2008, S. 439ff; und: Jensen, D.: A Language Older than Words, London 2002 (us-amerikanische Erstausgabe New York 2000), S. 5f.

Macht." Und auf die letzte Interview-Frage „Es ist das Jahr 2050. Die Polkappen schmelzen, die Meerespiegel steigen. Auf die Arche dürfen Sie nur ein Buch mitnehmen. Welches wäre das?" antwortete Jensen so: „Ich würde kein Buch mitnehmen und ich würde nicht auf die Arche gehen. Ich würde mich umbringen (und einen Staudamm mit mir in den Tod reißen). Ich will nicht ohne eine lebendige Landbasis leben."[41]

Bei all dem ist Jensen nicht der Meinung, dass, wie er sagt, ein paar „gut ausgerüstete" und gezielt operierende „Selbstmord-Attentäter all unsere Probleme lösen würden." Und ob die Ermordung von Politikern, die sich in Bezug auf Ökozid und Genozid besonders hervortun (er greift aus der Menge der Skrupellosen beliebig die Senatoren Slade Gorton und Larry Craig heraus), viel ändern würde, bezweifelt er:

> „Wenn ich Slade Gorton und Larry Craig töten würde – und bitte bedenken Sie, während Sie dieses lesen, wie schwer es mir fällt, Fische oder Vögel zu töten; und die Gefühlswallung, die mich überkommt, wenn ich sehe, wie eine Marienkäferlarve eine Blattlaus tötet; und zu wissen, dass das Töten eines Menschen für mich außerordentlich schwierig, wenn nicht unmöglich, wäre – Gorton und Craig würden einfach durch zwei weitere Menschen mit der gleichen Weltanschauung ersetzt werden."[42]

Jensen ist kein Bombenleger und Gewaltverherrlicher, kein Hetzer und Öko-Fundamentalist mit terroristischen Ambitionen. Nein. Er macht nur nicht die Augen zu. Benützt seine Vernunft. Hört auf sein Herz. Will nicht schweigend und verdrängend zusehen, wenn in der Welt, in der er lebt, Millionen Lebewesen, Menschen, Lebensräume direkt oder indirekt misshandelt und zerstört werden. Er sieht und denkt und schreibt ohne Scheuklappen.

So sagt er am Ende des zweiten Bandes von „Endgame": „Ich bin kein Bombenbauer. Ich bin kein Infrastrukturexperte. Ich bin kein Organisationsgenie. Ich bin kein General. Ich bin Schriftsteller. Ich bin Philosoph. Ich kann das tun, was ich tun kann. Der Rest bleibt Ihnen überlassen."

Zugleich lässt er zwei von ihm sehr geschätzte Aktivisten – Aric McBay und Lierre Keith – zu Wort kommen. Deren Frage: Wieviel zivilisationsbedingte Qual und Zerstörung braucht es noch, bis die Menschen endlich Verantwortungsbereitschaft entwickeln und handeln? Deren Antwort:

---

[41] Jensen, D.: Endgame, a. a. O., S. 437f.

[42] Jensen, D.: A Language Older than Words, a. a. O., S. 220. [Übersetzung hier und unten durch mich, R. J. K.] Im Original: "If I were to kill Slade Gorton and Larry Craig – and remember as you read this the difficulty I have killing fish or birds, and the surge of emotion I feel at the killing of an aphid by a ladybug larva, and know that to kill a human being would be extremely difficult for me, if not impossible – they would simply be replaced by two more people with the same worldview."

„Ich würde keine Zeit darauf verschwenden, Leute zu rekrutieren, die zum Handeln erst überredet werden müssen. Konzentriert euch auf Leute, die etwas tun möchten, aber nicht wissen was. Gebt ihnen einen Plan, der funktionieren kann, und dann haben wir vielleicht eine Chance.“[43]

Diese Antwort entspricht nicht ganz exakt derjenigen von Jensen. Jensen – wie immer ganz nah an der Natur und ihren Lebewesen – weist auf ein Wunder hin, das er jeden Herbst beobachten kann: den Hochzeitsflug der Ameisen.

„Ich sitze vor einem Baumstumpf. [...] Es ist ein sonniger Tag. [...] Die Ameisen klettern auf die Spitze des Stumpfes. Und versammeln sich dort. Mehr und immer mehr. [...] Sie alle haben Flügel. Sie fliegen [...] Die Vögel stoßen herab und schnappen sich so viel wie sie nur können. [...] Die Ameisen fliegen davon. Sie werden nicht zurückkehren. Ihre Flügel sind nur für einen Flug gedacht. Sie fallen ab, wenn sie ihr neues Zuhause erreichen. Dennoch fliegen sie. Seit jeher bewundere ich ihren Mut.“[44]

Jensen glaubt an die Macht der Natur und die Macht des Natur-Wunders. Und deshalb sagt er: „Wir werden mehr als eine Chance haben. Alles was wir brauchen, sind ein paar Wunder. Nichts könnte natürlicher sein.“[45]

Auch uns können und sollten (zumindest einmal in unserem Leben) Flügel und Mut wachsen. Wie den Ameisen. Auch in uns schlummert ein Wunder. Wir müssen es nur zulassen und ergreifen. Jede selbst. Jeder selbst. Wie heißt es bei Jensen?

„Weil es nicht um mich geht. Und auch nicht darum, wie ich die Dinge sehe. Worum es geht, ist der Prozess, den zu skizzieren ich versuche. Worum es geht, ist, dass Sie sich selbst einen Weg durch das Dickicht bahnen, dass Sie für sich selbst herausfinden, ob und wenn ja was sie tun sollen. [...] Ich will nicht dasselbe alte Modell kopieren, auf dem die Zivilisation seit ihren Anfängen basiert: Gott / König / Präsident / Priester / Wissenschaftler / Experte / Autor enthüllt jenen die Heilige Wahrheit, die Ohren haben zu hören, und wenn Sie ihm kein Gehör schenken, nun, dann ab in die Hölle mit Ihnen. So billig lasse ich Sie nicht davonkommen. Ich fordere Sie auf, auf ihr eigenes Herz zu hören, Verantwortung für Ihr eigenes Denken zu übernehmen, Ihrem eigenen Verständnis entsprechend zu handeln. Ich fordere Sie auf, für sich selbst zu denken und zu fühlen und zu verstehen. Wenn Sie das tun, wird sich die Zivilisation vor Ihren Augen auflösen. Denn das Tödlichste für die Zivilisation sind freie Männer und freie Frauen, die aus eigenem Herzen und

---

[43] Jensen, D.: Das Öko-Manifest. Wie nur 50 Menschen das System zu Fall bringen und unsere Welt retten können. Endgame II, München und Zürich 2009, S. 491f.
[44] Jensen, D.: Das Öko-Manifest, a. a. O., S. 492f.
[45] Jensen, D.: Das Öko-Manifest, a. a. O., S. 492.

Verstand heraus fühlen und denken, freie Männer und freie Frauen, die bereit sind, für die zu kämpfen, die sie lieben.“[46]

Jensen nennt sich selbst einen „romantischen Nihilist“.[47] Nihilist ist er, weil er in die Zivilisation keine Hoffnung setzt, weil sie ihm nicht nur ein ‚Nichts' bedeutet, sondern weil sie für ihn (wie übrigens auch für Ludwig Klages und Theodor Lessing) im wörtlichen Sinne die Verwirklichung des Nichts an der Lebenssphäre ist: die totale Vernichtung und Nichtung des Lebens. Romantiker ist er, weil er mit Bäumen, Tieren und Sternen spricht, weil er in und mit der Natur und ihren abertausend Lebewesen fühlt und schwärmt, die Wunder der Natur wahrnimmt und den Glauben an die Natur- und Wunderfähigkeit des Menschen nicht aufgibt.[48]

Auf den Begriff „romantischen Nihilist“ kam einmal ein Freund von Jensen. Er sagte: „Jetzt weiß ich, was du bist [...] Du bist ein romantischer Nihilist“. Sein Freund sagte das mit einem Augenzwinkern und musste herzlich lachen. Jensen auch. „Ja, dachte ich, eine Revolution der romantischen Nihilisten. Da wäre ich dabei. Rechnet mit mir.“[49]

Weil Jensen aber in erster Linie Romantiker ist, weist er immer wieder auf die Natur zurück:

> „Hören sie nicht auf mich. Ich lebe nicht, wo Sie leben. Ich weiß nicht, wie man dort ein nachhaltiges Leben führt. Ich weiß noch nicht einmal, wie man hier ein nachhaltiges Leben führt. Ich weiß überhaupt nicht, wie man ein nachhaltiges Leben führt. Wenn Sie herausfinden wollen, was Sie tun können, gehen Sie zum nächsten Fluss, zum nächsten Berg, zum nächsten einheimischen Baum, zum nächsten Stück unberührtem Land, und fragen Sie die, was Sie brauchen. Bitten Sie sie, es Ihnen zu zeigen. Der Fluss, der Berg, der Baum, das Land wissen, wie man hier lebt. Sie leben hier seit langer Zeit. Sie werde es Ihnen zeigen. Sie müssen sie nur fragen, fragen und wieder fragen.“[50]

IX. Derrick Jensens „Endgame“

2006 erschienen zwei dicke Bände von Derrick Jensen mit den Titeln „Endgame. Volume I. The Problem of Civilization“ (dt. 2008: „Endgame. Zivilisation als Problem") und „Endgame. Volume II. Resistance“ (dt. 2009: „Das Öko-Manifest. Wie nur 50 Menschen das System zu Fall bringen und unsere Welt retten können. Endgame II"). Beide Bände von Endgame beginnen mit der Auflistung der für

---

46 Jensen, D.: Das Öko-Manifest, a. a. O., S. 495f.
47 Jensen, D.: Endgame, a. a. O., S. 435.
48 Vgl. Jensen, D.: A Language Older than Words, a. a. O., z. B. S. 2ff, 18ff. u. 292ff.
49 Jensen, D.: Endgame, a. a. O., S. 435.
50 Jensen, D.: Endgame, a. a. O., S. 496.

Jensen wichtigsten 20 Prämissen. Ich zitiere einige besonders prägnante. In ihnen kommen Kernanliegen und Herzstück seiner Zivilisationskritik besonders pointiert zum Ausdruck.

Prämisse 10: „Die Kultur als Ganzes und die meisten ihrer Vertreter sind geisteskrank. Die Kultur ist von einem Todestrieb besessen, einem Zwang zur Zerstörung des Lebens.“[51]

Prämisse 11: „Diese Kultur – die Zivilisation – ist schon immer eine Besatzungskultur gewesen.“[52]

Prämisse 19: „Das Problem der Kultur liegt vor allem darin, dass wir glauben, es sei gerechtfertigt, die Natur zu beherrschen und zu misshandeln.“[53]

Prämisse 14: „Von Geburt an [...] werden wir einzeln und kollektiv sozialisiert, das Leben zu hassen, das Ungezähmte zu hassen, wilde Tiere zu hassen, Frauen zu hassen, Kinder zu hassen, unseren Körper zu hassen, unsere Gefühle zu hassen und zu fürchten, uns selbst zu hassen. Würden wir die Welt nicht hassen, könnten wir unmöglich zulassen, dass sie vor unseren Augen zerstört wird. Würden wir uns nicht selbst hassen, könnten wir unmöglich zulassen, dass unser Zuhause – und unser Körper – vergiftet wird.“[54]

Prämisse 3: „Unsere Lebensweise – die industrielle Zivilisation – erfordert für ihren Erhalt permanente und allumfassende Gewalt. Ohne Gewalt würde sie sehr schnell zusammenbrechen.“[55]

---

[51] Jensen, D.: Endgame. Zivilisation als Problem, München und Zürich 2008, S. 9; und: ders.: Das Öko-Manifest. Wie nur 50 Menschen das System zu Fall bringen und unsere Welt retten können. Endgame II, München und Zürich 2009, S. 9. Der Text der 20 Prämissen ist in den beiden Endgame-Bänden identisch, die Seitenzählung, S. 7-11, ist annähernd gleich. – Dass Jensen hier die gleiche Diagnose stellt wie Klages in „Mensch und Erde“ vor 100 Jahren („die ‚Zivilisation‘ trägt die Züge entfesselter Mordsucht“; Klages, L.: Mensch und Erde, a. a. O., S. 24) ist kein Zufall, sondern liegt in der Natur der Sache bzw. der Natur der kapitalistisch-technologischen Zivilisation selbst. Es ist dies längst nicht die einzige Parallele zwischen Klages/Lessing und Jensen. Auch in ihrer romantisch-mythischen Grundausrichtung sind sie sich ganz ähnlich: für all drei gilt als Erfahrungstatsache, dass die Natur bzw. ihre unzähligen Wesen *tatsächlich* zum Menschen sprechen können – wenn dieser nur zuhört.

[52] Jensen, D.: Endgame, a. a. O., S. 9.

[53] Jensen, D.: Endgame, a. a. O., S. 11.

[54] Jensen, D.: Endgame, a. a. O., S. 10.

[55] Jensen, D.: Endgame, a. a. O., 7.

Prämisse 4: „Die Zivilisation beruht auf einer klar definierten und weithin akzeptierten, häufig jedoch nicht zum Ausdruck gebrachten Hierarchie. Die in dieser Hierarchie von oben nach unten ausgeübte Gewalt bleibt fast immer unsichtbar und also unbemerkt.“[56]

Prämisse 5: „Das Eigentum derjenigen, die in der Hierarchie oben stehen, ist wertvoller als das Leben derer, die unter ihnen stehen. Es wird gebilligt, dass die Herrschenden ihr Privateigentum vermehren – im Klartext: Geld machen –, indem sie das Leben der Beherrschten ruinieren oder sie sogar töten. Das nennt man *Produktion.* Wenn aber die Beherrschten dem Eigentum der Herrschenden Schaden zufügen, dann dürfen die Herrschenden die Beherrschten töten oder ihnen auf andere Weise das Leben ruinieren. Das nennt man dann *Gerechtigkeit.*“[57]

Prämisse 12: „Es gibt keine reichen und keine armen Menschen auf der Welt. Es gibt nur Menschen. Die ‚Reichen' haben vielleicht einen Haufen buntes Papier und viele tun so, als wäre das etwas wert [...]. Diese ‚Reichen' behaupten, Land zu besitzen, und den ‚Armen' wird oft das Recht verweigert, dasselbe zu behaupten.“[58]

Prämisse 6: „Die Zivilisation ist unumkehrbar. Diese Kultur wird sich nicht freiwillig zu einer vernünftigen und nachhaltigen Lebensweise bekehren. Wenn wir ihr kein Ende setzen, wird die Zivilisation weiterhin die große Mehrheit der Menschen in die Verelendung treiben und die Erde ausplündern, bis sie (die Zivilisation und wahrscheinlich auch die Erde) zusammenbricht.“[59]

Prämisse 13: „Die Herrschenden regieren durch Zwang, und je eher wir uns von der Illusion freimachen, dies sei nicht der Fall, desto eher können wir zumindest anfangen, vernünftige Entscheidungen zu treffen, ob, wann und wie wir Widerstand leisten.“[60]

Prämisse 15: „Liebe impliziert nicht notwendigerweise auch Pazifismus.“[61]

Prämisse 16: „Die materielle Welt ist die Hauptsache. Das bedeutet weder, dass der Geist nicht existiert, noch dass es außer der materiellen Welt nichts anderes gibt. Es bedeutet, dass Geist und Körper miteinander verbunden sind, es bedeutet,

---

[56] Jensen, D.: Endgame, a. a. O., S. 7.
[57] Jensen, D.: Endgame, a. a. O., S. 7f.
[58] Jensen, D.: Endgame, a. a. O., S. 9.
[59] Jensen, D.: Endgame, a. a. O., S. 8.
[60] Jensen, D.: Endgame, a. a. O., S. 10.
[61] Jensen, D.: Endgame, a. a. O., S. 10.

dass reales Tun reale Folgen hat. Es bedeutet, dass wir uns nicht darauf verlassen können, dass Jesus, der Nikolaus, die Große Mutter oder gar der Osterhase uns aus diesem Schlamassel herausholen. Es bedeutet, dass dieses Schlamassel wirklich ein Schlamassel ist und nicht nur ein Stirnrunzeln Gottes. Es bedeutet, dass es um die Erde geht, solange wir hier auf Erden sind – egal ob wir nach unserem Tod irgendwo anders landen oder nicht [...]. Die Erde ist die Hauptsache. Sie ist unser Zuhause."[62]

Prämisse 17: „Es ist ein Fehler (oder eher eine Verleugnung), unsere Entscheidungen davon abhängig zu machen, ob die daraus erwachsenden Handlungen die Masse der [US-]Amerikaner oder die Menschen, die sich aus allem heraushalten wollen, in Angst versetzen oder nicht."[63]

Prämisse 20: „Nicht das Wohlergehen der Gemeinschaft, nicht moralische Grundsätze, nicht Ethik, nicht Gerechtigkeit, nicht das Leben selbst sind in dieser Kultur Motor sozialer Entscheidungen, sondern wirtschaftliche Erwägungen."[64]

X. Jensen 2013: „Earth at Risk"

In seinem neuesten Buch, das Jensen zusammen mit Lierre Keith herausgegeben hat und das die „Earth-at-Risk-Konferenzen" von 2011 und 2012 in Interviews dokumentiert, kommt Jensens Ansatz in der Einleitung nochmals besonders prägnant zum Ausdruck:

> „Die dominante Kultur tötet den Planeten. Es ist höchste Zeit, dass diejenigen unter uns, die sich um das Leben auf Erden Sorgen machen, endlich diejenigen Handlungen einleiten, die nötig sind, um die Zivilisation davon abzuhalten, jedes lebende Wesen zu töten. Wir kennen doch heute alle die Statistiken und Prognosen: 90 Prozent der großen Fische in den Weltmeeren sind dahin, 97 Prozent der Urwälder wurden zerstört, ebenso 98 Prozent der urwüchsigen Steppenlandschaften. Es befindet sich zehn Mal mehr Plastik als Plankton in den Ozeanen. Die Amphibien-Völker sind am kollabieren, die Zugvögel-Völker sind am kollabieren, die Mollusken sind am kollabieren, die Fisch-Völker sind am kollabieren und so weiter. Haben Sie bemerkt, dass Sie die

[62] Jensen, D.: Endgame, a. a. O., S. 10f. – Auch hier sehe ich eine weitere wichtige Parallele zu Lessing und Klages. Zwar sagt Jensen, dass die materielle Welt die Hauptsache sei, er ist aber deshalb noch lange kein Materialist. Wie Lessing und Klages unterläuft er die rationalistische Zwangsoption Materialismus-Idealismus, um immer und immer wieder auf die Basis hinzuweisen: die sinnlich und ganzheitlich vernommene Erde in ihrer unauslotbaren Fülle und Tiefe.

[63] Jensen, D.: Endgame, a. a. O., S. 11.

[64] Jensen, D.: Endgame, a. a. O., S. 11.

Windschutzscheibe Ihres Autos nicht mehr so oft reinigen müssen? Denn die Insekten-Völker sind ebenso am kollabieren. Zweihundert Spezies werden Tag für Tag ausgelöscht. Diese Kultur zerstört jede Landbasis.“[65]

„Wir leben nicht in einer Demokratie. Bedenken Sie: Wen behandeln Regierungen besser: Unternehmen oder lebende Wesen? Werden Manager[66] von der Rechtsprechung für ihre destruktiven, oftmals mörderischen Taten zur Rechenschaft gezogen? Hier sind ein paar Knobelaufgaben, die nicht besonders lustig sind. Frage: Was bekommt einer, der es mit Drogen, mit einer heftigen Gefühlswallung und einer Schusswaffe zu tun hat? Antwort: Wegen Mordes zwei Mal lebenslänglich, Entlassung nicht vor 2026. Frage: Was bekommt einer, der es mit zwei Nationalstaaten, einem Konzern, vierzig Tonnen Gift und letztendlich achttausend toten Menschen zu tun hat? Antwort: Pension mit vollen Bezügen und Zusatzleistungen. Genau das erhielt Warren Anderson, Manager der ‚Union Carbide‘, die den Massenmord in Bhopal verursachte. Man kann das auch noch auf andere Weise ausdrücken: Wie nennen Sie jemand, der vorhat, die U-Bahn von Tokyo mit Gift zu verseuchen? Sie nennen ihn einen Terroristen und stecken ihn für immer ins Gefängnis. Und wie nennen Sie jemand, der vorhat, das Grundwasser der Vereinigten Staaten von Amerika mit Gift zu verseuchen? Sie nennen ihn Dick Cheney [von 2001 bis 2009 unter George W. Bush Vizepräsident der USA]. Oder Öl- und Gasmann oder Fracker. Haben es die Reichen mit der gleichen Rechtsprechung zu tun wie Sie und ich? Hat das Leben auf Erden in einem Gerichtshof die gleichen Rechte wie ein Unternehmen? Wir alle wissen die Antwort auf solche Fragen.“[67]

---

[65] Jensen, D.: Introduction, in: Earth at Risk – Building a Resistance Movement to Save the Planet, hg. v. D. Jensen u. L. Keith, Crescent City 2013, S. 1-9, hier S. 3. [Freie Übersetzung hier und unten durch mich, R. J. K.] Im Original: „The dominant culture is killing the planet. It is long past time that those of us who care about life on earth begin to take the actions necessary to stop civilization from destroying every living being. By now we all know the statistics and trends: 90 percent of the large fish in the oceans are gone, 97 percent of native forests have been destroyed, as have 98 percent of native grassland. There is ten times as much plastic as phytoplankton in the oceans. Amphibian populations are collapsing, migratory songbird populations are collapsing, mollusk populations are collapsing, fish populations are collapsing, and so on. Have you noticed that you don’t have to clean your windshield nearly as often as you used to? Even insect populations are collapsing. Two hundred species are driven extinct each and every day. This culture destroys landbases.”

[66] Im Original: „CEOs“, d. i. Chief Executive Officer, zu deutsch etwa: Geschäftsführer, Generaldirektor, Vorstandsvorsitzender, Manager.

[67] Jensen, D.: Introduction, a. a. O., S. 3f. Im Original: “We don’t live in a democracy. Think about it: do governments better serve corporations or living beings? Do judicial systems hold CEOs accountable for their destructive, often murderous acts? Here are a couple of riddles that aren’t very funny. Question: What do you get when you cross a long drug habit, a quick temper, and a gun? Answer: Two life terms for murder, earliest release

„Letztendlich benötigen wir Courage. Das Wort Courage stammt aus der gleichen Wurzel wie *coeur*, das französische Wort für ‚Herz'. Wir bedürfen der ganze Courage, der das menschliche Herz fähig ist, zweifach geschmiedet, als Waffe und als Schutzschild, um das, was auf Erden noch übrig blieb, zu verteidigen. Das Herzblut der Courage ist selbstverständlicher Weise Liebe. [...] Die Singvögel und die Lachse bedürfen unserer Liebe, weil sie vom Verschwinden bedroht sind, davor, in die längste Nacht der Auslöschung zu fallen. Es liegt an uns, in den Widerstand zu gehen, mit allem, was wir haben: Geflüster und Gebeten, Geschichte und Träumen, unseren mutigsten Wörtern und tapfersten Handlungen. Es wird oftmals aussichtslos scheinen, aber wir müssen es tun, so oder so. Mit Liebe als unserer Hauptmotivation: wie können wir da scheitern?"[68]

XI. Wie Zivilisation Natur zum Schweigen bringt

Ein wichtiges Motiv für Denken und Handeln Jensens ist die Aufdeckung und Überwindung repressiver Strukturen. Er solidarisiert sich mit den Unterdrückten und kämpft mit ihnen gegen die Unterdrücker. Dass dieses Motiv für Jensen so wichtig ist, hängt mit seiner eigenen Lebens- und Leidensgeschichte zusammen. Er ist nämlich in einer Familie groß geworden, die vom Vater systematisch unterdrückt, terrorisiert, misshandelt und vergewaltigt worden ist. Jensen hat Unterdrückung, Misshandlung, Vergewaltigung am eigenen Leib erfahren. Er, als der Jüngste der Familie, musste oftmals ohnmächtig zuschauen, als der Vater sich an Mutter, an seinen Schwestern und Brüdern austobte. Der Vater, ein Anwalt, der in Nachbarschaft und Gemeinde als sozialer, wohlhabender, tiefreligiöser

---

date 2026. Question: What do you get when you cross two nation states, a large corporation, forty tons of poison, and at least eight thousand dead human beings? Answer: Retirement with full pay and benefits. That's what happened to Warren Anderson, CEO of Union Carbide, which caused the mass murder at Bhopal. Here's another way to say this: What do you call someone who conspires to put poison in the subways of Tokyo? You call him a terrorist and you put him to prison for life. What do you call someone who conspires to put poison in the groundwater of the United States? You call him Dick Cheney. Or oil and gas man, or fracker. Do the rich face the same judicial system as you or I? Does life on earth have as much standing in a court as does a corporation? We all know the answers to those questions."

[68] Jensen, D.: Introduction, a. a. O., S. 9. Im Original: "Finally, we need courage. The word *courage* comes from the same root as *coeur*, the French word for 'heart'. We need all the courage of which the human heart is capable, forged into both weapon and shield to defend what is left of this planet. The lifeblood of courage is love. [...] The songbirds and the salmons need our love because they are disappearing, slipping into that longest night of extinction. It is up to us to build a resistance from whatever comes to hand: whispers and

Mitbürger bekannt und geschätzt war. Und weil nicht sein konnte, was nicht sein durfte, tat der Vater sein ‚Bestes', damit nichts nach Außen und möglichst wenig in's eigene Bewusstsein drang: Er prügelte und vergewaltigte den Rest der Familie in einen Teufelskreis des Verschweigens, Sich-Schuldig-Fühlens und Verdrängens hinein. Denn nicht er, der Vater, so setzte er vermittels seines Gewaltmonopols durch, sei schuld, sondern die anderen Familienmitglieder: Sie brächten ihn schließlich immer wieder dazu, so zu handeln. All dies hatte gravierende Folgen:

> „Es gingen nicht nur Körper zu Bruch, in Brüche ging auch die basale Verbindung zwischen Erinnerung und Erfahrung, zwischen Seele und Realität. [...] Wir wurden eine Familie von Verdrängern. Das Bewusstsein hat keinen Platz, um solche Erfahrungen wirklich unterzubringen. Und weil es tatsächlich keinen Ausweg gab, hätte es für uns keinen Sinn gehabt, diese Gewalttätigkeiten bewusst zu erinnern. So lernten wir, Tag für Tag, dass wir unseren Wahrnehmungen nicht trauen konnten, und dass wir besser daran taten, nicht auf unsere Gefühle zu hören. Täglich vergaßen wir, und wenn die Erinnerung an die Oberfläche drängte, vergaßen wir wiederum. [...] Diese Bereitwilligkeit zu Vergessen ist die Essenz des Zum-Schweigen-Bringens [‘silencing’]. Als mir das bewusst wurde, begann ich mehr auf das ‚wie' und ‚warum' des Vergessens zu achten – und so begann eine Reise zurück in's Erinnern.“[69]

Hätte Jensen als Kind nicht die Sterne gehabt, hätten sie nicht zu ihm gesprochen, er wäre gestorben, wie er sagt:

> „Im Alter zwischen sieben und neun schlich ich mich nächtens oft nach draußen, um mich in die Wiese zu legen und mit den Sternen zu sprechen. Jede Nacht teilte ich ihnen Erinnerungen mit, um sie für mich zu bewahren – Erinnerungen an miterlebte Schläge, an erlittene Vergewaltigungen. Ich übergab ihnen Erinnerungen, die für mich zu mächtig und schneidend waren, um sie zu fühlen. Im Gegenzug gaben mir die Sterne Verständnis. Sie sagten mir: ‘Das ist nicht so, wie es sein sollte. Es ist nicht deine Schuld. Du wirst das überstehen. *Wir* lieben dich. Du bist gut.' Ich kann die Bedeutung dieser Botschaft gar

---

prayers, history and dreams, and our bravest words and actions. It will often seem impossible, but we'll have to do it anyway. With love as our first cause, how can we fail?"

[69] Jensen, D.: A Language Older than Words, a. a. O., S. 3f. [Übersetzung hier und unten durch mich, R. J. K.] Im Original: „Not only bodies were broken, but broken also was the bedrock connection between memory and experience, between psyche and reality. [...] We became a family of amnesiacs. There's no place in the mind to sufficiently contain these experiences, and as there was effectively no way out, it would have served no purpose for us to consciously remember the atrocities. So we learned, day after day, that we could not trust our perceptions, and that we were better off not listening to our emotions. Daily we forgot, and if memory pushed its way to the surface we forgot again. [...] This willingness to forgot is the essence of silencing. When I realized that, I began to pay more attention to the ‘how' and the ‘why' of forgetting – and thus began a journey back to remembering."

nicht überbetonen. Hätte ich niemals von einer echten Alternative erfahren – hätte ich geglaubt, dass die mir widerfahrene Brutalität normal oder unabwendbar gewesen wäre –, ich wäre gestorben.“[70]

Später erst ging Jensen der größere Zusammenhang auf: Kann es nicht sein, dass durch die Zivilisation bzw. die mit ihr einhergehenden Gewalttätigkeiten und Traumatisierungen ein ganz ähnlicher Teufelskreis des Verschweigens, Sich-Schuldig-Fühlens und Verdrängens in Gang gesetzt wird? Eine Trennung von Erinnerung und Erfahrung, von Gefühl und Verstand? Eine Trennung von dem, was ich tief in mir für richtig halte und dem, was mir von außen her als alternativlose Realität aufgedrückt wird? Zwischen dem, was ich tun sollte und dem, was ich tatsächlich mache?

Um es mit meinen Worten zu formulieren: Um was es hier zu gehen scheint, das ist die Trennung von Herzenswahrnehmung und Verstandeskalkül. Noch schärfer formuliert: Es geht um die Enthemmung und Freisetzung des totalen Machtkalküls; damit aber um die Deformation und Zerstörung der Herzenswahrnehmung.

Was ist Herzenswahrnehmung? Die Lakota-Indianer/innen haben für diese Art des Wahrnehmens einen *terminus technicus* geprägt: „čante ishta“, d. h. „Auge des Herzens“. Wie es der Lakota-Schamane John Fire Lame Deer ausdrückte: „Ich wollte fühlen, riechen, hören und sehen, doch nicht nur mit meinen Augen und dem Verstand. Ich wollte sehen mit *čante ishta* – dem Auge des Herzens. Dieses Auge betrachtet die Dinge auf seine Weise.“[71]

Das „Auge des Herzens“ ist in der Lage, die lebendige beseelte Natur und ihre abertausend Wesen zu vernehmen, weil es nicht, wie der analytische Blick des Verstandes, trennt: hier Gefühl, also Subjekt, also Mensch – dort Materie, also Objekt, also seelenloses Etwas. Das „Auge des Herzens“ blickt mit Gefühl und Ausdruck in die Natur und deshalb kann es auch die Gefühle und Ausdrücke der Natur selbst wahrnehmen, Zusammenhänge erkennen, wo der Verstand nur Getrenntes sieht. Dieses Auge vernimmt nicht Objekte, sondern lebendige Wesen, ihre Stimmungen, ihre Bedeutungen, ihre Gesichter und was sich an und durch sie ausdrücken und versinnbildlichen will. Und deshalb hat für dieses Auge auch ein jedes Naturphänomen ein ‚Gesicht‘. Ob es nun ein Wasserfall, ein Grashalm, ein

---

[70] Jensen, D.: A Language Older than Words, a. a. O., S. 7. Im Original: „Between the ages of seven and nine, I often crept outside at night to lie on the grass and talk to the stars. Each night I gave them memories to hold for me – memories of beatings witnessed, of rapes endured. I gave them emotions too large and sharp for me to feel. In return the stars gave me understanding. They said to me, ‘This is not how it is supposed to be. This is not your fault. You will survive. *We* love you. You are good.’ I cannot overstress the importance of this message. Had I never known an alternative existed – had I believed that the cruelty I witnessed and suffered was natural or inevitable – I would have died.”

[71] Lame Deer, J. F. u. Erdoes, R.: Tahca Ushte – Medizinmann der Sioux, München ^{2}1995, S. 47.

Stern, ein Felsen, eine Wolke, ein Falke oder eine Spinne ist. Und genau deshalb ist dieses Auge in der Lage, die realsymbolisch-wesenhafte Ebene der Natur zu erfassen. Wie John Fire Lame Deer sagt:

> „In der Welt, die uns umgibt, sehen wir viele Symbole, die uns die Bedeutung des Lebens sagen. Wir haben so eine Redensart, daß der Weiße Mann so wenig sieht, weil er nur mit einem Auge zu sehen scheint. Wir sehen eine Menge Dinge, die ihr Weißen gar nicht mehr wahrnehmt, die ihr aber vielleicht doch wahrnehmen könntet, wenn ihr nicht zu beschäftigt wärt. Wir Indianer leben in einer Welt von Symbolen und Bildern, in der das Geistige und Alltägliche sich vereinen. Für euch sind Symbole nur gesprochene oder in ein Buch niedergeschriebene Worte. Für uns sind sie Teil der Natur, Teil von uns selbst, die Erde, die Sonne, der Wind, der Regen, Steine, Bäume, Tiere, und wenn es so kleine Insekten sind wie Ameisen oder Grashüpfer. Wir versuchen nicht, sie mit dem Kopf zu verstehen, dafür aber mit dem Herzen [...]. Was für euch wie ein Gemeinplatz aussieht, gewinnt durch seine Symbolik für uns einen besonderen Sinn. Das Merkwürdige ist, daß wir für Symbolik gar kein Wort haben, obwohl wir ständig damit leben. Ihr habt ein Wort dafür, aber das ist auch alles."[72]

Aber wie kam es dazu, dass wir überzivilisierten Menschen nur noch mit dem Auge des Verstandes sehen? Wie Derrick Jensen aufdeckt, gibt es eine Sprache, die weit älter ist und tiefer reicht als alle Wörter.

> „Es ist die Sprache der Körper, die Sprache, die Körper mit Körper, Wind mit Schnee, Regen mit Bäumen, Welle mit Stein spricht. Es ist eine Sprache aus Traum, Gestik, Symbol, Erinnerung. Wir haben diese Sprache vergessen. Wir erinnern uns nicht einmal, dass es sie gibt. [...] Wie die meisten anderen Kinder, so habe auch ich, als ich klein war, die Welt sprechen gehört. Sterne sangen. Steine hatten Vorlieben. Bäume hatten schlechte Tage. Kröten unterhielten sich angeregt [...]. Wie eine atmosphärische Störung im Radio, so begannen Schule und andere Arten der Sozialisation, meine Wahrnehmung der beseelten Welt zu irritieren. Und einige Jahre glaubte ich gar, nur Menschen würden sprechen. Die Kluft zwischen dem, was ich erfuhr und dem, was ich mehr oder weniger glaubte, verwirrte mich tief. Es dauerte lange, bis ich die persönlichen, politischen, sozialen, ökologischen und ökonomischen Implikationen dieses Lebens in einer zum Schweigen gebrachten Welt zu verstehen begann. Dieses Zum-Schweigen-Bringen ist für das Funktionieren und Agieren unserer Kultur zentral. Die standhafte Weigerung, die Stimmen der von uns Ausgebeuteten zu hören, ist die Voraussetzung ihrer Beherrschung. Religion, Wissenschaft, Philosophie, Politik, Bildung, Psychologie, Medizin, Literatur,

[72] Lame Deer, J. F. u. Erdoes, R.: a. a. O., S. 123f.

Linguistik und Kunst sind alle vereinnahmt worden. Sie fungieren als Instrument des Zum-Schweigen-Bringens und der Abwertung von Frauen, Kindern, anderen Ethnien, anderen Kulturen, der Natur-Welt und ihrer Einwohner, unserer Gefühle, unseres Gewissens, unserer Erfahrungen und unserer kulturellen und persönlichen Geschichten.“[73]

Muss man/frau (mit Derrick Jensen) hinzufügen, dass dieses Zum-Schweigen-Bringen und diese Zuhör-Verweigerung weder mit Vernunft noch mit Erfahrung noch mit Moral zu rechtfertigen sind? Dass diese Art der Unterdrückung von lebendiger Erfahrung und Vernunft unmenschlich und lebenszerstörerisch ist?[74] Wenn wir aus diesem Teufelskreis des Verschweigens, Sich-Schuldig-Fühlens und Verdrängens ausbrechen wollen, müssen wir neue Lebenswege beschreiten und wohl auch alte Lebensformen wieder neu entdecken. Viel können wir dabei von den archaischen und naturverbundenen Kulturen lernen, die nach wie vor aufmerksam dem lauschen, „was Pflanzen, Tiere, Steine, Flüsse und Sterne zu sagen haben“.[75] Denn: „eine wirkliche Welt wartet immer noch auf uns, eine Welt, die bereit ist, zu uns zu sprechen, wenn wir uns nur daran erinnern könnten, wie das mit dem Zuhören war.“[76]

---

[73] Jensen, D.: A Language Older than Words, a. a. O., S. 2f. Im Original: “There is a language older by far and deeper than words. It is the language of bodies, of body on body, wind on snow, rain on trees, wave on stone. It is the language of dream, gesture, symbol, memory. We have forgotten this language. We do not even remember that it exists. […] As is true for most children, when I was young I heard the world speak. Stars sang. Stones had preferences. Trees had bad days. Toads held lively discussions […]. Like static on radio, schooling and other forms of socialization began to interfere with my perception of the animate world, and for a number of years I almost believed that only humans spoke. The gap between what I experienced and what I almost believed confused me deeply. It wasn’t until later that I began to understand the personal, political, social, ecological, and economic implications of living in a silenced world. This silencing is central to the workings of our culture. The staunch refusal to hear the voices of those we exploit is crucial to our domination of them. Religion, science, philosophy, politics, education, psychology, medicine, literature, linguistics, and art have all been pressed into service as tools to rationalize the silencing and degradation of women, children, other races, other cultures, the natural world and its members, our emotions, our consciences, our experiences, and our cultural and personal histories.”

[74] Jensen, D.: A Language Older than Words, a. a. O., S. 7.

[75] Jensen, D.: A Language Older than Words, a. a. O., S. 16. Im Original: “what plants, animals, rocks, rivers, and stars have to say”.

[76] Jensen, D.: A Language Older than Words, a. a. O., S. 7. Im Original: “a real world still awaits us, one that is ready to speak to us if only we would remember how to listen.”

XII. Politik gegen Machteliten, neue Gewaltenteilung

Radikale Zivilisationskritik ist, wie sich ja schon bei Klages und Lessing, deutlicher noch bei Jensen herauskristallisierte, eine Kritik des Denkens und Handelns (gewalt)politischer und (ausbeutungs)kapitalistischer Machteliten. Was das für unsere heutigen Demokratien bedeutet, welche demokratischen und basisdemokratischen politischen Forderungen dieser Zivilisationskritik entspringen: dieser Frage möchte ich nun im Folgenden nachgehen. Ich werde das anhand einer Auseinandersetzung mit dem Buch von Hans-Joachim Schemel „Wirtschaftsdiktatur oder Demokratie? Wider den globalen Standortwettbewerb – für eine weltweite Regionalisierung“ (Oberursel 2010) tun. Dieses Buch eignet sich gut: zum einen, um die diesbezüglichen Zusammenhänge und Probleme klar aufzuzeigen, zum anderen als Ausgangsbasis für die Frage nach eine neuen zeitgemäßen und schon längst überfälligen Gewaltenteilung. Im Klappentext des Buches heißt es:

> „Die Spaltung unserer Gesellschaft in wenige Gewinner und viele Verlierer schreitet voran. Die wachsende globale Standortkonkurrenz wird diese Spaltung weiter verschärfen. Die Demokratie ist weltweit bedroht, wenn es der Politik nicht gelingt, diese Entwicklung umzukehren und die global agierende Wirtschaftselite in ihre Schranken zu weisen. Manche wollen die Weltwirtschaft von oben regulieren. Doch das wird scheitern. Das vorliegende Buch plädiert für die Stärkung der Regionen. Denn nur dort, wo die Menschen leben, können sie Macht kontrollieren und Politik mitgestalten.“

Damit ist kurz und knapp der Argumentationsverlauf dieses Buches skizziert; ein Argumentationsverlauf, der in drei Kapiteln entfaltet wird. 1. „Anzeichen der Entwicklung zur Wirtschaftsdiktatur“; 2. „Die Politiker, die Zivilgesellschaft und die ‚Gesetze‘ des Marktes“; 3. „Globaler Standortwettbewerb – Wettlauf in die falsche Richtung“. Im 4. Kapitel erhält diese Argumentation ihre Zusammenfassung und Auswertung: „Regionalisierung als Grundlage einer zukunftsfähigen Globalisierung“.[77]

Nach und nach werden entscheidende Zusammenhänge aufgedeckt: zwischen der von einer neoliberalen Wirtschaftselite forcierten Deregulierung der Märkte (sog. ‚freie‘ Marktwirtschaft), dem Gegeneinander-Ausspielen der Staaten (und nationalen Arbeitnehmerschaften) durch Großkonzerne im globalen Standortwettbewerb, der damit einhergehenden Renditeexplosion (von der Wenige maßlos profitieren), dem Abbau sozial(staatlich)er Sicherungssysteme (unter dem sehr Viele leiden) und der Unterhöhlung demokratischer Strukturen und sozialmarkt-

[77] Schemel, H.-J.: Wirtschaftsdiktatur oder Demokratie? Wider den globalen Standortwettbewerb – für eine weltweite Regionalisierung, Oberursel 2010, Kap. 1: S. 23-90; Kap. 2: S. 91-151; Kap. 3: S. 152-232; Kap. 4: S. 233-267.

wirtschaftlicher Standards. Schemel zeigt auf, wie es durch die global entregelten Spekulationsmärkte zu ungeheuren Spekulationsblasen (Ablösung der Finanzmärkte von der Realwirtschaft) und zu riesigen Profiten bei den Banken und Spekulant/inn/en kommt; und wie es, durch das (vorhersehbare) Platzen der Spekulationsblasen zu einer Finanz- und dann auch Wirtschaftskrise kommt, in der wieder nur diejenigen profitieren, die sie ausgelöst haben; und wie es einer von Gier und antisozialen Motiven getriebenen Wirtschaftselite damit gelingt, die Staaten gleichsam zu erpressen, sich noch mehr zu verschulden, Milliarden in marode Banken zu pumpen und damit die staatlich-finanziellen Spielräume auf Jahrzehnte einzuengen und weiteren Sozialraubbau zu betreiben. Womit die unheilvolle, demokratie-aushöhlende, sozial-spaltende, armuts-beschleunigende Spirale auf eine neue Ebene gezwungen wird.

Man/frau könnte meinen, dass politische Diskussionen in einer demokratischen Gesellschaft eigentlich und in erster Linie am Gemeinwohl orientiert sein sollten. Das ist leider nur selten Fall. Stattdessen werden politische Diskussionen (egal ob auf administrativer oder Medien-Ebene) oft von machtstrategischen, ökonomischen, parteipolitischen und/oder polit-ideologischen Einzelinteressen geleitet. Wobei diese Interessengeleitetheit selten thematisiert und offen gelegt wird. Stattdessen wird gern der Eindruck zu erwecken versucht, nicht Einzelinteressen, sondern experten-gestütztes Wissen (sogenannte ‚Tatsachen' und ‚Fakten') und unhintergehbare ‚Realitäten' (sogenannte ‚Sach- und Strukturzwänge') bildeten die Grundlage der ‚objektiven' Diskussionen. Das ist eine (auf Geld- und Medienmacht gestützte) heute weit verbreitete Art, wie die Wirtschafts- und Polit-Elite ihr Unterdrückungssystem der Niedriglohn‚sklaverei' und die ihm inhärente strukturelle Gewalt zu verschleiern sucht. Auch in diesen Sumpf versteckter, verlogener und verschwiegener Interessen-, Macht- und Unterdrückungspolitik leuchtet Schemel hinein. Und entwickelt in diesem Zusammenhang gute Argumente für die These: „Die Macht der Experten ist gefährlich".[78]

Dass Hans-Joachim Schemel als freier Stadt- und Umweltplaner 35-jährige Erfahrung auf dem Gebiet der Politikberatung hat, dabei aber kein Experte (Politologe, Ökonom, Wirtschaftsethiker u. Ä.) ist; dass er langjähriges politisches Interesse und Engagement beweist (er ist aktives Attac-Mitglied), aber keiner politischen Partei angehört; dass er in sozialen und ökologischen Kategorien denkt, ohne einem Soziologismus oder Ökologismus zu huldigen; dass er philosophisch denken und argumentieren kann, ohne ein Fachphilosoph zu sein; dass er sich entschieden in die Tradition einer humanen Aufklärung stellt, diese aber nicht mit rationalistischem Fundamentalismus, mit intellektuell-überheblicher Traditions- und Regionsfeindschaft verwechselt, sondern als das belässt, was sie ursprünglich auch war: ein offenes Projekt selbstbestimmter Machtkritik und Freiheitsfindung mit den Mitteln menschlicher Vernunft –: all das ist essenziell,

[78] Vgl. Schemel, H.-J.: Wirtschaftsdiktatur oder Demokratie? A. a. O., S. 135-142.

denn es führt zu ausgewogener, besonnener Diskussion und zu klarer vernünftiger Beurteilung. Was auf diesem Gebiet, das durch extreme Positionen gekennzeichnet und vermint ist – hier die vom neoliberal-ideologischen Glauben an den Heilsmechanismus der sogenannten ‚freien' Marktwirtschaft korrumpierten Opportunisten und Profiteure, dort diejenigen, die den gordischen Knoten der Komplexität der Zusammenhänge und des Mit-Verstrickt-Seins durch vereinfachende Verschwörungstheorien und (oft antijudaistische, ressentimenthaft motivierte) Schuldzuweisungen zerschlagen wollen –, nicht oft anzutreffen ist. Kürzer gefasst: Es gelingt Schemel, in gediegener aufklärerischer Manier Machtkritik zu üben und zugleich mit Herz und Verstand demokratisch-solidarisch das Menschliche zu fördern und regional und politisch zu verankern. Getreu dem Motto „global denken, lokal handeln".

Es ist doch gerade auf politischer Ebene entscheidend, vernünftige, bodenständige und unaufgeregte Argumente gegen global agierende Eliten und ihr neoliberal-machtstrategisches, Menschen wie Sozialsysteme und Naturressourcen ausbeutendes Konzept der Globalisierung zu entwickeln, dabei aber nicht nur in einer Gegenposition zu verharren (als reiner ‚Globalisierungsgegner'), sondern ebenso an einem demokratisch-freiheitlichen, sozial und ökologisch nachhaltigen, d. h. zukunftsfähigem Konzept von Globalisierung mitzuarbeiten. Und das gelingt Schemel. Seine Argumentation ist dabei nicht an ein Fachpublikum, sondern an den politik-interessierten ‚Laien' gerichtet. Und das ist gut so. Denn nur dieser sogenannte Laie ist der Träger und Garant nachhaltiger Demokratie. Demokratie und demokratische Politik ist ja, recht eigentlich besehen, eine Laien- und keine Expertenveranstaltung! Man/frau muss nicht Politologie studiert haben, um hier Politiker zu sein; man/frau muss nicht Politiker sein, um sich politisch zu engagieren; man/frau muss sich nicht politisch engagieren, und kann trotzdem eine politische Meinung haben; man/frau muss nicht unbedingt eine fertige politische Meinung haben; was man/frau aber auf jeden Fall haben sollte, ist eine demokratische Grundkompetenz: die Fähigkeit, im Gespräch mit anderen den für alle möglichst besten (Gemeinwohl-)Konsens zu finden und dort, wo sich (zunächst) kein solcher Konsens finden lässt, Dissenstoleranz, Kompromissbereitschaft und Geduld zu wahren.

Schemels Resümee hätte nach meinem Dafürhalten noch ein klein wenig konkreter ausfallen können. Immer wieder wird darauf hingewiesen, dass die Politik das Primat gegenüber der Wirtschaft(selite) behalten oder wiedererhalten müsse. Ohne dass die hier anstehenden Konsequenzen genannt oder gezogen würden: dass nämlich die klassische demokratische Gewaltenteilung unter den neoliberal-marktradikalen Vorzeichen des 21. Jahrhunderts längst nicht mehr ausreicht. Artikel 20 des deutschen Grundgesetzes fordert: „Alle Staatsgewalt geht vom Volke aus." Weil aber die Macht der Medien und der Wirtschaft global wie national so angewachsen ist, dass eine Wirtschaftselite durch sie enormen Einfluss auf Staatspolitik, Staatshaushalt und Gesetzgebung nehmen kann, und weil genau dadurch eben nicht mehr alle Staatsgewalt vom Volk ausgeht – sondern das Volk immer weniger Einfluss auf die Staatsgewalt hat (was demokratische Staaten in plutokratische verwandelt) – muss das klassische Prinzip der Gewaltenteilung auch auf außer- und überstaatliche Gewalten wie Medien und Wirtschaft ausgedehnt werden. So dass neben den drei klassischen Staatsgewalten Legislative (Gesetzgebung), Judikative (Rechtsprechung), Exekutive (Vollziehung) eine vierte (Medien) und fünfte Gewalt (Wirtschaft)[79] mit in Betracht gezogen werden muss; ja, letztlich sogar eine sechste Gewalt, nämlich die Bildung.

Dies natürlich nicht so, dass Medien, Wirtschaft, (hochschulische) Bildung unter staatliche Kontrolle zu bringen wären, sondern so, dass staatliche (und unterhalb ihrer auch landes- und regionalpolitische) Souveranität (hinter der das Volk steht) jederzeit gewahrt bleiben kann. Und in diesem Sinne wäre strengstens darauf zu achten, dass es keine gravierenden Machtvermischungen zwischen den Gewalten, dass es keine demokratiegefährdenden Machtanhäufungen gäbe. Dass z. B. große Medienkonzerne nicht mehr in die Hand einiger weniger Wirtschaftsbosse (Plutokraten) gelangen könnten, die dann womöglich sogar noch politische Ämter bekleiden (vgl. den Fall Silvio ‚Bunga-Bunga' Berlusconi). Generell wären gewaltenübergreifende Kartellbildungen und Monopolstrukturen zu verhindern. Die Untergrabung der freien Berichterstattung und des investigativen Journalismus durch massiven Medien- und Wirtschafts-Macht-Druck (aber auch durch staatliche Überwachung) wäre zu unterbinden. Der Einfluss von Wirtschafts- und Medien-Konzernen auf Bildungseinrichtungen und Bildungspolitik müsste massiv eingeschränkt werden; generell gälte es, die freie Forschung und Lehre an Hochschulen und Universitäten zu gewährleisten, anstatt sie den Konzern- und Profitinteressen sowie dem globalen Standortwettbewerb zu opfern; was auch bedeutete, dass staatlich angestellte und verbeamtete Hochschullehrer neben ihrem full-time job nicht noch eigene Firmen haben, nicht noch eigene wie fremde Wirtschaftsinteressen bedienen dürften.

Eine besonders unheilvolle Rolle spielt im Bildungs- und Hochschulsektor das „Centrum für Hochschulentwicklung" („CHE") mit seinen Rankings, Berichten, Konferenzen und seiner Lobbyarbeit. Das „Centrum" versucht den Eindruck zu erwecken, dass es eine staatliche und/oder unabhängige Institution sei. Das Gegenteil ist der Fall. Dahinter steht ein mächtiger ‚global player' (oder besser: global liar?): der Bertelsmann-Konzern mit seiner knallharten plutokratisch-antidemokratischen Politik. Das „Centrum" betreibt so – gut getarnt – seit zwei Jahrzehnten mit Nachdruck konzerngesteuerte neoliberale Bildungspolitik.[80] Der

---

[79] ... und wenn man die Banken mitsamt Weltbank und Europäischer Zentralbank neben der sog. ‚freien' Wirtschaft als eigene Macht sehen will – und Vieles spricht dafür –, dann müsste man die Bankengewalt als eigene Gewalt behandeln und bändigen.

[80] Vgl. hierzu z. B.: Wernicke, J. u. Bultmann, T. (Hg.): Netzwerk der Macht – Bertelsmann. Der medial-politische Komplex aus Gütersloh, Marburg ^{2}2010.

Bertelsmann-Konzern ist damit einer der Hauptverantwortlichen der ausbeutungskapitalistischen Hochschulreform („Bologna-Prozess“).[81]

Neben dieser Verfilzung von Bildung, Wissenschaft und Wirtschaft gälte es auch der Verfilzung von politischem Amt und Wirtschaft vorzubeugen. Berater/innen/verträge, Parteispenden, aus der Wirtschaft rekrutierte sogenannte Expert/inn/engremien, ein Großteil der Lobbyarbeit: all das müsste in diesem Sinne neu bewertet werden. Zu fragen wäre, wo und wie hierbei Volkssouveränität unterlaufen und ausgehebelt wird, wo und wie (und an demokratischen Instanzen vorbei) von relativ wenigen Plutokrat/inn/en relativ viel Einfluss auf Staat und Volk genommen werden kann. Und dem wäre energisch – legislativ, judikativ und exekutiv – entgegenzutreten.

XIII. Lebensdemokratische Lustkultur statt Ausbeuterzivilisation

Man/frau könnte an dieser Stelle generelle Bedenken erheben und fragen: Ist denn das Wort *Zivilisations*-Kritik in unserem Kontext überhaupt angemessen? Trifft die formulierte Kritik nicht vielmehr besagte Machteliten und gerade nicht die westliche Zivilisation als solche? Und unter den Machteliten wiederum nur diejenigen, die ihre Macht verantwortungslos ausnützen (damit aber leider die meisten)? Keine leicht zu beantwortende Frage. Es kommt wohl darauf an, was man/frau unter ‚Zivilisation’ versteht. Man/frau kann natürlich (ein wenig blauäugig) sagen: Zivilisation heute, das ist unser jetziger Lebensstandard, das ist unser Gesundheits-, Sozial- und Rentensystem, unsere soziale Marktwirtschaft mitsamt ihrem Arbeits- und Sozialrecht – zumindest das, was nach dem Sozialabbau der Ära Kohl und Schröder noch davon übrig ist. Zivilisation: das einbegreift auch Polizei und Gerichtsbarkeit, Militär und Geheimdienst, die uns allesamt vor Kriminellen, Übeltätern, Aggressoren, Unruhestiftern und anderen ‚Bösewichtern’ schützen; einbegreift auch die vielen Spiel-, Verhaltens- und Verkehrsregeln, dank derer es im Berufs- und Privatleben meist so reibungslos und angenehm flutscht, dank derer wir in unserer offenen Gesellschaft ein Maximum an Sicherheit, persönlicher Freiheit und Selbstverwirklichung genießen können; einbegreift auch unsere modernen Nachrichten- und Informationssysteme, dank derer wir immer aktuell informiert sind und uns eine (zumindest auf den ersten Blick) wohlfundierte eigene Meinung bilden können. Und: Zivilisation, das heißt, dass wir es in den modernen Demokratien größtenteils mit zivilisierten Individuen zu tun haben, die Konflikte vernünftig regeln, ohne sich gleich die Köpfe einzuschlagen; dass wir über ausreichend Sozialkompetenz, Selbstdisziplin, Frustrationstoleranz verfügen, um in unserer hochkomplexen, dynamischen, widersprüchlichen Lebenswelt nicht

---

[81] Zur Kapitalisierung der Hochschulen vgl.: Münch, R.: Akademischer Kapitalismus. Über die politische Ökonomie der Hochschulreform. Frankfurt a. M. 2011.

nur gut zurechtzukommen, sondern auch die Früchte, die uns unsere High-Tech-Zivilisation bietet, ernten und genießen zu können. Und das ist ja wohl prinzipiell gut und befürwortenswert. Und deshalb ist radikale Zivilisationskritik nur etwas für die wenigen Unzufriedenen, die Schwarzseher, die ewigen Nörgler und Kritikaster – die es halt immer gibt.

Wie gesagt: Man/frau kann das so sehen. Ich sehe das mit gewissen (nicht nebensächlichen) Einschränkungen manchmal auch so. Natürlich hat unserer Zivilisation enorme Vorteile, die man/frau nur sehr ungern missen möchte – wenn man/frau erst einmal in ihren Genuss gekommen ist und damit angefixt wurde! Nur, das Problem liegt ganz woanders. Es liegt bei denjenigen, die im ‚Zivilisationsspiel' nicht ‚mitspielen' können und/oder dürfen. Bei denjenigen, auf deren Rücken diese Zivilisation durch die Landschaft galoppiert, denjenigen, die sie tragen, unter ihr leiden, an ihr krank werden, von ihr zuschanden geritten werden. Und deren Zahl ist ungeheuerlich groß.

Machen wir uns nichts vor: wir gehören als Mitglieder der westlichen Industrienationen, global gesehen, selbst zur Machtelite – zumindest sind wir Profiteure und Mitläufer, sind diejenigen, die die Machteliten stützen. In diesem Sinne sind wir Kollaborateure in einem mörderischen System.

Zwischenfrage: Wieso werden wir Weißen von den Lakota-Indianern „Rahmabschöpfer“ genannt? Nun ja, weil wir es wohl sind.

Werfen wir einen kurzen Blick auf das Wort „Zivilisation“. Dieses Wort kommt ja ursprünglich von *civis*, dem lateinischen Wort für Bürger. Bürger, das ist der, der im Schutz der Burg und innerhalb der Mauern der Stadt wohnt. Wenn man/frau nun die Machtelite als diejenigen ‚Oberbürger/innen' (Geld-, Promi-, Wissens-, Polit- und Geburtsadel) versteht, die in staatlich-polizeilich gesicherten Exklusiv- und Repräsentativräumen leben, handeln, regieren und manipulieren; – und wenn man/frau die restlichen ‚Normalbürger/innen' als diejenigen begreift, die, ohne dass sie den gleichen Zugang zu diesen Exklusivräumen hätten, sich doch im Schatten der „Oberbürger/innen“ und ihrer „Festungen“ recht wohl fühlen, ein mehr oder weniger zuträgliches Einkommen erreichen können oder zumindest keinen (inneren oder äußeren) Grund haben, aufzumucken und die Mauern, die um die gesamte Bürgerschaft gezogen werden, als ausgrenzend, menschen- und lebensverachtend zu empfinden und einstürzen zu wollen – dann ist dieses Bild doch nicht so unpassend. Denn es lässt zugleich ahnen, dass es eine Großzahl an Menschen gibt, die weder zu den sich-toll-fühlenden ‚Oberbürger/innen' noch auch zu den zufriedenen oder ruhig gestellten ‚Normalbürger/innen' gehören: die Unzahl derer, die nicht bürgerlich-privilegiert leben können oder dürfen (oder wollen); die Unzahl derer, die keinen Zugang zur Stadt der Bürger/innen haben. Das sind längst nicht nur die alten und neuen Armen der westlichen Gesellschaften. Es sind dies die allermeisten Menschen der sogenannten ‚Dritten Welt'. (Apropos ‚Dritte Welt': Das Wort ‚Dritte Welt' entstammt kolonialistischem und ausgrenzendem bürgerlichem Denken. Es suggeriert, dass dort nur dritt-rangige Menschen leben würden. Andererseits umfasst die sogenannte ‚Dritte Welt' aber zwei Drittel des gesamten, von Menschen bewohnten Teils der Erde, müsste also eigentlich – global-demokratisch gesehen – eine Zwei-Drittel-Welt genannt werden; und müsste in internationalen Gremien immer auch eine Zwei-Drittel-Mehrheit bzw. ein Zwei-Drittel-Recht bekommen. Demgegenüber wären die Industrienationen dann bestenfalls eine Ein-Drittel-Welt mit Ein-Drittel-Recht.)

Und hier zeigt sich die undemokratische Seite der Zivilisation, ihr Preis, die unermesslich große Zahl der von ihr produzierten und ausgebeuteten Verlierer. Der Hunger, das Elend und Leid, die Armut, die Kriminalität und Korruption, die Kriege und die unzähligen Menschenrechtsverletzungen in der Zwei-Drittel-Welt haben diachron (via Kolonialgeschichte, Imperialismus und Neoimperialismus etc.) sowie synchron (via kapitalistische Ausbeutung, Geschäftemacherei, z. B. Waffenlieferung, Börsenspekulation, Umweltverschmutzung etc.) jede Menge mit uns zu tun. Wir waren und sind die Hauptverursacher und Hauptprofiteure. Deutlich sieht man/frau das etwa auch bei der Klimaerwärmung (mit all ihren Folgen; Ansteigen der Meeresspiegel, extreme Wetterverhältnisse, Unbewohn- und Unfruchtbar-Werden ganzer Landstriche, ...): sie ist zum größten Teil von den Industrie-Zivilisationen verschuldet, den Preis aber zahlen, wie üblich, v. a. diejenigen, die nicht davon profitieren: die allermeisten Menschen dieser Erde, die eben in der „Zwei-Drittel-Welt" leben. Mehr noch. Die vielen obigen Beispiele habe es ja zur Genüge vor Augen geführt: nicht nur die außer-zivilisatorischen Menschen zahlen diesen Preis, die meisten außer-zivilisatorischen Lebewesen ebenso: Tiere, Pflanzen, Mikroorganismen, Biotope – auch die Biosphäre unseres Mutterplaneten Erde.

Das Hauptproblem ist nicht nur ein zivilisations-immanentes (obwohl es da auch genügend anzuprangern gäbe, s. u.), sondern das Problem ist der ungeheure Preis, das Problem ist, dass diese Zivilisation (solange es sie gibt) immer nur durch Ausbeutung, Verschleißung, Vergewaltigung, Zerstörung und Vernichtung des Außer-Zivilisatorischen funktioniert hat. Die Verschleißung und ‚Einspeisung' so vieler außer-zivilisatorischer (menschlicher, tierischer, pflanzlicher, mineralischer, ...) ‚Ressourcen' ist notwendig. Denn diese ‚Ressourcen' sind der Sprit, mit dem der Zivilisationsmotor läuft. Solange sich das nicht ändert, ist und bleibt radikale Zivilisationskritik nicht nur berechtigt, sondern, aus Gründen der Gerechtigkeit und Menschlichkeit, der Verantwortlichkeit und Empathie, der Lebensehrfurcht und des Mitleids moralisch geboten. Dabei zeigt sich: Moral ohne radikale Zivilisationskritik ist bestenfalls halbe Moral, also Doppelmoral, also verlogene Moral ...

Ebenso zeigt sich: Der Gedanke der Demokratie kann nicht auf Staat oder Nation beschränkt bleiben – schon gar nicht unter den Vorzeichen heutiger Globalisierung. Und wenngleich die Nationalstaaten wichtige tragende Elemente der Demokratien sind und (allem Anschein nach auch) bleiben werden: Es bedarf einer globalen Demokratisierung, die alle Lebewesen, Lebensformen, Lebensräume miteinbezieht, zu repräsentieren und zu schützen in der Lage ist. Also nicht nur Menschen, sondern eben auch Tiere, Pflanzen, Pilze, Biotope, ... Die globale Demokratie muss eine Lebensdemokratie sein, die allem, was in der Biosphäre kreucht und fleucht, wächst und blüht, tönt und spricht, eine Stimme im ‚Parlament des Lebens' gibt. Wie solch eine Lebensdemokratie praktisch umzusetzen wäre: Das ist heute noch nicht klar abzusehen (zumindest nicht für mich); dass auch sie eine neue und globale Art der Basisdemokratie und Gewaltenteilung braucht, steht jedoch schon jetzt fest. Auf der Agenda sollte u. A. stehen:

1. Die Erweiterung und Demokratisierung des Begriffes und Konzepts „Nationalstaat". Die Tendenzen des 19. und 20. Jahrhunderts – dass sich mit den zerfallenden Feudal- und Adels-Imperien die div. Nationalstaaten v. a. auf dem Boden der jeweiligen Sprachgruppen *und* der jeweiligen ethnischen Identitäten gebildet haben – sollten weiter gefordert und gefördert werden. Damit meine ich *nicht*, dass sich z. B. alle die Länder, in denen mehrheitlich englisch oder chinesisch, arabisch oder spanisch, deutsch oder russisch gesprochen wird, zu eigenen englischen, chinesischen, arabischen, spanischen, deutschen, russischen Großstaaten zusammenschließen sollten, sondern, ganz im Gegenteil: dass es im Prinzip jeder eigenständigen Sprachgruppe (evtl. sogar Dialektgruppe) und jeder eigenständigen Ethnie (auch Kleinstethnie) möglich sein sollte, selbstbestimmt einen eigenen Nationalstaat zu bilden und zu leiten. Denn es gibt m. E. kein wirklich stichhaltiges Argument dafür, dass die nationalstaatlichen Grenzen, die größtenteils aus machtstrategischen und kriegspolitischen Gründen vor 200, 100 oder 50 Jahren (oftmals doch recht willkürlich – jedenfalls fast nie demokratisch legitimiert) gezogen wurden, bis in alle Ewigkeit so bleiben müssten. Diese Erweiterung des Nationalstaaten-Konzeptes hätte natürlich auch Auswirkungen auf die Mitglieder und Strukturen der UNO (der ohnehin ein Mehr an demokratischer Legitimation nicht schaden könnte). Wer Angst hat, dass damit eine nationalstaatliche ‚Anarchie', eine regierungs- und handlungsunfähige ‚Kleinstaaterei' ‚hereinbricht', der mag (zur Beruhigung) einen Blick auf die Schweiz und ihre Geschichte werfen. Wie das Beispiel Schweiz zeigt, kann die Konstitution einer Nation auch anders vor sich gehen, nämlich selbstbestimmter; zugleich zeigt sich an der Schweiz ein Zweites: nationale Selbstbestimmung und Selbst-Differenzierung ist nicht nur demokratisch-nachhaltiger, sondern kann auch ziemlich langlebig und stabil sein; noch ein Drittes zeigt sich: die Orientierung an der Sprachzugehörigkeit ist nicht das einzige entscheidende Kriterium bei der demokratischen Selbstkonstitution eines Staates.

2. Auch das Klage- und Einspruchsrecht müsste demokratisiert und erweitert werden, so dass auch betroffene Menschengruppen (selbst existenziell betroffene Individuen) und NGOs beispielsweise bei schweren ökologischen Vergehen (etwa

industrieller Verschmutzung von Luft, Wasser, Erde) juristisch gegensteuern könnten. Generell müsste es möglich und rechtens sein, dass andere Lebewesen und Lebenszusammenhänge anwaltschaftlich vertreten werden können. Dass (und wie einfach) das juristisch zu begründen wäre, hat vor bereits 40 Jahren der Jurist und Umweltethiker Christopher D. Stone in seinem Buch „Should Trees Have Standing?“ gezeigt. Auslöser für seine Überlegungen war ein damals (und heute) typisch-allzutypischer Fall. Ein mächtiger Konzern (hier: Walt Disney) wollte durch Geschäftemacherei (hier: Errichtung eines Skigebietes) im großen Stil eine naturwüchsige Landschaft (hier: das kalifornische Mineral King Valley) umfunktionieren, d. h. in ihrer Naturwüchsigkeit zerstören. All das konnte zum Glück verhindert werden und 1978 wurde diese Landschaft dem „Sequoia National Park“ angegliedert. Stone kam damals – nachdem die Klage des Naturschutzvereins „Sierra Club“ abgewiesen wurde, weil dessen Mitglieder nicht unmittelbar geschädigt worden wären – auf die Idee, die betroffene Landschaft mit all ihren Bergen, Flüssen und Bäumen als Klägerin vorzuschlagen. Das Argument, dass Landschaften und Bäume nicht vor Gericht erscheinen, dort auch nicht (menschen)sprachlich Einspruch erheben könnten, ließ Stone nicht gelten. Denn, so Stone: Wenn abstrakte Gebilde wie Staaten oder Unternehmen – die ja ebensowenig *als sie selbst* gerichtlich Einspruch erheben könnten – als „juristische Personen“ unveräußerliche Rechte genießen und vertreten können, sei nicht einzusehen, wieso das im Fall von Landschaften und Lebewesen nicht auch möglich sein solle.[82]

3. Auch das Thema ‚globale Gewaltenteilung’ müsste neu durchdacht werden. Der Internationale Gerichtshof müsste hier – unter Einbezug der neuen Nationalstaatlichkeit und des erweiterten Klagerechtes – eine lebensdemokratie-fördernde bzw. -stützende Funktion übernehmen. Eine internationale Kartellbehörde – die gegen undemokratische Konzernmonopole und Machtkartelle vorgeht – müsste in’s Leben gerufen und: ihr müsste durch Exekutivgewalt Nachdruck verliehen werden. Generell wäre darauf zu achten, dass der (demokratisch nicht ausgewiesenen) juristischen Privilegierung von großen Firmenkomplexen und Konzernen, von enormem Kapital- und Grundbesitz, von struktureller und medialer Einflussmacht ein Ende bereitet wird. Wie sonst sollen die Demokratien vor Unterwanderung und Aushöhlung durch Plutokrat/inn/en und Oligarch/inn/en geschützt werden?[83]

---

[82] Vgl. hierzu den soeben in deutscher Übersetzung erschienenen ‚Klassiker’ von Christopher D. Stone: Haben Bäume Rechte? Plädoyer für die Eigenrechte der Natur. Lassan 2014.
[83] Vgl. hierzu etwa: Felber, C.: 50 Vorschläge für eine gerechtere Welt. Gegen Konzernmacht und Kapitalismus, Wien 2006, v. a. Vorschlag 47: „Stärkung des UN-Systems“, S. 303-307.

Aber betrachten wir die Zivilisation noch von einer anderen Seite: der psychologischen. Wie Norbert Elias in „Über den Prozess der Zivilisation“ (1939) gezeigt hat, geht dieser Prozess mit einer zunehmenden Affektkontrolle einher. Und zwar nicht nebensächlich, sondern hauptsächlich. Es ist diese stets steigende Affektkontrolle, die es ermöglicht, dass die westliche Zivilisation so erfolgreich ist, so leistungs- und arbeitsstark, so kontrolliert und sicher, so berechen- und planbar, so entwicklungs- und wandlungsfähig – auch, was Freizeit, Konsum, Spaß und Selbstverwirklichung angeht. Damit einhergeht eine hochdifferenzierte Arbeitsteilung, die nicht nur für krasse Entfremdungseffekte sorgt, sondern auch für eine unglaubliche Vielfalt an Arbeits-, Betätigungs- und Selbstverwirklichungsmöglichkeiten. Eine Arbeitsteilung, Arbeitsorganisation und ein Funktionsmanagement, die ungeahnte Märkte, Spiel- und Freiräume schaffen und – im Zeitalter von Globalisierung und Internet – zu einer Explosion an berauschenden Möglichkeiten führen.

Dies auf der Basis einer steigenden Affektkontrolle: die aber ist (meist) nur zu haben, indem die spontanen Gefühlsdynamiken, die vergleichsweise unmittelbaren emotionalen Erlebnisse, die unvermittelten Eindrucks-Ausdrucks-Beziehungen, jegliches naive, ‚unzivilisierte‘, ‚unerzogene‘, freie, wilde, spontan-spielerische Sich-Ausleben-Wollen, Sich-Ausdrücken-Wollen, Sich-Ansprechen-Lassen und Sich-Aussprechen-Dürfen einer Kontrolle unterworfen wird. Auch wenn wir diese Kontrolle oft gar nicht bemerken oder spüren – sie wurde uns ja von klein auf anerzogen und ist uns solcherart in Fleisch und Blut übergegangen – die Kontrolle ist da und funktioniert erschreckend gut. Man/frau muss nur an die vielen Kollisionen denken, die man/frau als Kind, Jugendlicher, auch als Erwachsener hatte und hat – Kollisionen, die sich dadurch ergaben, dass man/frau gegen zivilisatorische Spielregeln verstoßen und/oder nicht richtig ‚funktioniert‘ hat. So darf man/frau z. B. in einer Zivilisation ganz oft nicht dann schlafen, wenn man/frau müde ist (weil man/frau z. B. arbeiten muss, aufmerksam sein muss), sondern erst dann, wenn es funktional passt: so zwischen 23 und 5 Uhr. Mit dem Effekt, dass unser Leib (in dem immer ein mehr oder weniger großer Freiheitskämpfer steckt) gerade dann, wenn er schließlich muss, nicht mehr will oder kann. Es ist kein Zufall, dass Schlafprobleme sozusagen eine Zivilisationskrankheit sind. Ähnlich wie mit dem Schlafen verhält es sich mit dem Lachen und Weinen. Auch sie stören mehr als sie nützen. Sie führen zu Kollisionen mit dem Getriebe. Weshalb spontanes Lachen und Weinen in der Zivilisation keinen guten Stand haben.

Oder man/frau denke an seinen Arbeitsplatz: Meist ist es doch so, dass man/frau nur durch lange, harte Übung, Gewöhnung, ‚Zucht‘ dahin kommt, dass man/frau sich an seinem Arbeitsplatz einigermaßen wohl fühlt; zumindest hie und da; denn die meisten Leute sind mit ihrem Arbeitsplatz und der zivilisatorischen Arbeitstaktung ihres Lebens nie wirklich zufrieden. Man/frau erinnere sich in diesem Zusammenhang der unzähligen Male, an denen man/frau nicht zur Arbeit gehen wollte, an denen es bitter, ganz bitter schmeckte, jetzt in die Arbeit gehen zu müssen. Wir wissen es alle: Diese Momente können sehr bitter sein. So bitter, dass man/frau sich nicht gern daran erinnert und vergisst und verdrängt ... „Denn der Mensch ist der Erde tragfähigstes Lasttier und duldet so lange er eben *kann*.“ (Lessing, Die verfluchte Kultur ...)

Kinder sind zum Glück noch nicht so lasttier- und eselhaft wie Erwachsene. Aber auch sie bekommen den Zivilisationsdruck früh zu spüren. Es ist, glaube ich, kein Zufall, dass mit die Lebendigsten unter ihnen gerade mit Beginn der Schulzeit massive Probleme mit unserem Leistungssystem bekommen. Doch die Zivilisation bzw. ihre Handlanger wissen sich zu helfen. Schnell wird AD(H)S diagnostiziert und mit der Psychodroge Ritalin weggedrückt. Inzwischen stimmen auch Eltern, deren Kinder ‚normale Schulleistungen' bringen, einer Medikation ihrer Kinder zu, nachdem ihnen durch Ärzt/inn/e/n eingeredet wurde, dass ihre Kinder noch wesentlich ‚besser' sein könnten ...

Der Eingriff der Zivilisation in unser Inneres ist alles andere als geringfügig. Freudianisch ausgedrückt: Die Zivilisation bildet in unserer Seele eine eigene mächtige, steuernde, kontrollierende, strafende und belohende Instanz: das zivilisatorische „Über-Ich“. Dieser nie schlafende Wächter – früh durch Eltern, Schule, Mitschüler/innen, Medien, Arbeitswelt in unserer Seele installiert – hat sich wie ein seelischer Virus in uns eingenistet. Dieses „Über-Ich“ ist der Repräsentant der Machteliten-‚Moral' in uns. Das vom „Lustprinzip“ motivierte „Es“ und das vom ‚Wahrnehmungsprinzip'[84] getragene „Ich“ dürfen sich nun nicht mehr frei äußern und ausleben. Nur solches, was das, vom machtelitären Leistungsprinzip[85] gesteuerte, zivilisatorische „Über-Ich“ zulässt, darf sich verwirklichen. Oder jungianisch ausgedrückt: Das „innere Kind“ (d. i. das Lustvoll-Naiv-Träumerisch-Spielerisch-Rebellische in uns) und die „Anima“ (d. i. die ‚empathisch-weibliche' Seite der Menschenseele) dürfen niemals mehr so sein, wie sie früher einmal waren und von sich aus sein wollten. Sie müssen bei allem, was sie tun und lassen, erst die zivilisatorische Maske aufsetzen, sie müssen durch die „Persona“ (lat. persona = Maske) sprechen, müssen sich der Sprache und Ausdrucksweise dieser Maske bedienen. Wer das aber oft genug macht, wird selbst zur Maske. Einfacher ausgedrückt: Der menschliche Bauch und das menschliche Herz dürfen sich nie mehr aussprechen, ausgestalten und darleben *ohne* vorherige Kontrolle durch das zivilisatorische Gewissen, die zivilisatorische

[84] Freud sagt statt Wahrnehmungsprinzip „Realitätsprinzip“, ohne das Realitätsprinzip klar genug von dem zu trennen, was uns Zivilisation (Gesellschaft, Medien, wissenschaftliche, wirtschaftliche, politische Machtelite etc.) als ihr Idealbild von ‚Realität' unterschieben will. Damit vermengt er das Realitätsprinzip von vorneherein mit dem zivilisatorischen „Über-Ich“ und seinem Moral- und Idealprinzip. Ich finde das Wort Wahrnehmungsprinzip in diesem Zusammenhang treffender. Statt Moralprinzip setze ich hier Leistungsprinzip, denn Leistung ist der Kern heutiger Moral, das zivilisatorische Ideal unserer Tage.

[85] Vgl. hierzu: Böhme, G. (Hg.): Kritik der Leistungsgesellschaft, Bielefeld, Basel 2010.

Vernunft, den zivilisatorischen Kopf. Salopp formuliert: Der nackte menschliche Körper darf nur in Zivilisationsklamotte erscheinen, die freie unverblümte Herzensrede muss sich der (gesellschaftlich und politisch korrekten) Höflichkeitsfloskeln bedienen; das Eigene, das Wilde, das Spontane wird so meist bis zur Unkenntlichkeit abgeschliffen und affektkontrolliert – d. h. emotional kastriert.

Wie man/frau sieht, hat der Zivilisationsprozess – psychologisch gesehen – einen ebenso hohen Preis. Dieser *Preis* ist nun aber v. a. ein innerzivilisatorischer: Er wird von den Mitgliedern und Profiteuren der Zivilisation selbst gezahlt. Man/frau könnte sagen: Das geschieht uns recht! Nun ja, aber auch hier ergibt sich ein gravierendes Problem. Nämlich dasjenige, das Jensen schon angesprochen hat: Es kommt zur Spaltung zwischen eigener Emotionalität/Wahrnehmung/Erfahrung und ,offizieller Realität', zur Spaltung von Gefühl und Verstand. Sowohl dasjenige, was unterdrückt wird, als auch dasjenige, was unterdrückt, kann nicht mehr wahrgenommen und artikuliert werden. Ein Teufelskreis aus Zum-Schweigen-Bringen hier und Zuhör-Verweigerung dort ist die Folge. Es kommt zur Trennung von Herzenswahrnehmung und Verstandeskalkül. Dies fördert die Enthemmung und Freisetzung des totalen Machtkalküls und verstärkt – rückwirkend – die Deformation und Zerstörung der Herzenswahrnehmung. Das ist gut für's ,Geschäft' und die ,Show'. Aber schlecht für die Mitmenschlichkeit und Mitweltlichkeit. Denn daraus resultiert der zivilisatorische Maskenmensch, ein tauber Gefühlskrüppel und blinder „Hochglanz-Zombie“,[86] der das, was er durch seinen Lebenstil zerstört, nicht mehr hören und sehen kann.

Wie ich in einer früheren Veröffentlichung gezeigt habe, gibt es eine andere, nicht-zivilisatorische Art und Weise, seinen Leib, seine Seele und seinen Geist zu *kultivieren*; nicht indem man/frau sie zivilisatorisch durch ein machtausübendes Über-Ich kontrolliert und verkrüppelt, sondern, indem man/frau sie am Leitband der (zivilisatorisch) unverdorbenen leiblichen Lust, am Leitband eines kindlichen, sinnlichen, leidenschaftlichen, empathischen Ichs selbstbestimmt und unverbogen reifen lässt, mit seiner (mitwachsenden) Vernunft aufmerksam und liebevoll begleitet, und so, nach und nach, eben *kultiviert*. Hierzu ist aber ein anderes Über-Ich nötig. Ein Über-Ich, das mit dem kindlichen Leib, der kindlichen Seele, dem Unschuldig-Wilden und Vor-Zivilisatorischen in uns befreundet ist.[87]

Auch diesbezüglich bedarf es einer Art ,Gewaltenteilung' zwischen Bauch, Herz und Kopf, einer leib-seelisch-geistigen Demokratie, einer *inneren* Lebensdemokratie. Freilich ist ein rein politstrategischer Begriff wie ,Gewaltenteilung' hier, wo es ja nicht um Politstrategie, sondern um die eigene Lebensführung zu

---

[86] Diese geniale Wortprägung verdanke ich dem äußerst sehenswerten, zivilisations- und machtkritischen Film „Die fetten Jahre sind vorbei“ (Hans Weingartner 2004).

[87] Siehe hierzu: Kozljanič, R. J.: Auf dem Weg zu einem lebendigen Leib-Denken, in: II. Jahrbuch für Lebensphilosophie (Thema: Leib-Denken), hg. v. R. J. Kozljanič, München 2006, S. 9-70, v. a. den Abschnitt „Ein zukunftsträchtiges Ich-Ideal: das tanzende Ich als Leitfaden des Leib-Denkens?“, S. 65-70.

tun ist, unangemessen.[88] Ein anderer Begriff drängt sich auf. Der der ‚Lebenskunst' oder, genauer formuliert, der der *‚Lebens-Tanz-Kunst'*: Das ist eine Kunst, bei der sich Leib, Seele, Geist an den Händen fassen und gemeinsam einen Reigen tanzen können. Einen Reigen, der auch Raum lässt für wilde und ‚unzivilisierte' Sprünge und Zuckungen.[89] Das hierfür entscheidende Über-Ich (oder Ich-Ideal) ist das eines tanzenden und zugleich aus der Reihe tanzenden Ichs. Ich habe dieses Ich deshalb ein *exochoreisches Ich* genannt. Weil es eben eines ist, das zunächst im gemeinsamen Reigen (griech. choreía, lat. chorea) mitschwingt, dann aber aus ihm heraus (eks bzw. ekso bzw. ex) tanzt.[90]

XIV. Antike und christliche Verdrängung des exochoreischen Ichs

Fragt man/frau nun, wo sich solch ein Ich-Konzept oder Ich-Ideal in der abendländischen Philosophiegeschichte überhaupt erstmals artikuliert und greifbar wird, so gerät man/frau zunächst in eine gewisse Verlegenheit. Denn so etwas wie ein tanzendes oder gar aus-der-Reihe-tanzendes Ich war philosophisch lange Zeit weder interessant noch gesucht. Ganz im Gegenteil: es war verpönt und gefürchtet, es wurde unterdrückt und verteufelt. Das Ich sollte nicht tanzen – schon gar nicht aus der Reihe –, sondern verständig und vernünftig sollte es sein und – in ‚bester' zivilisatorischer Manier – über die Leidenschaften herrschen. Die klassische antike Philosophie sowie die auf ihr aufstockende christliche Philosophie: sie haben fast ausnahmslos die Lust (hedoné), die Begierde (epithymía) und die Leidenschaft (páthos) bekämpft und unterdrückt. Und mit ihnen den Tanz. Philosophie als Lebensform bedeutete in der Antike (und im Christentum) in erster Linie Lebensaskese. Die klassisch-antiken Ideale lauteten: Apathie (Leidenschaftslosigkeit, Unberührbarkeit), Ataraxie (Unerschütterlichkeit) und Autarkie/Autonomie (Selbständigkeit, Unabhängigkeit). Die Grundtendenz war: Seelenruhe durch Leidenschaftslosigkeit. Das hegemonikón, die herrschende Instanz im Menschen, egal ob sie als (Ge-)Wissen (Sokrates), Verstand oder Vernunft (Platon, Aristoteles, Stoa, tlw. auch Epikur) angesprochen wird, hat die Funktion, die dem Leib und der Seele entspringenden Regungen und Erregungen zu unterdrücken und zu kontrollieren, die aus Natur und Gesellschaft von außen

---

[88] Obwohl rein politisch denkende und handelnde Menschen das meist nicht verstehen: Politik ist nicht alles. Und aus manchen Lebensbereichen sollte man/frau Politik vielleicht ganz raushalten. Denn das politische Denken ist ein machtstrategisches Denken. Es kann das, was sich der Macht entzieht, nicht begreifen, wohl aber versauen.

[89] Zum Begriff der Tanz-Sprünge und Tanz-Brüche eines authentischen Ichs vgl. den feinen Aufsatz von: Theodoropoulos, I. E.: Die „Tsakismata": Eine philosophisch-pädagogische Studie des „Ich", in: Pädagogische Rundschau 59/2005, S. 343-356,

kommenden Zu- und Anmutungen abzuwehren und, wo möglich, zu depotenzieren. Zumindest im Turmzimmer des eigenen Hauses – im Kopf – versucht das Ich unumschränkt Herr zu sein, um von dort aus, soweit als immer möglich, den Rest zu kontrollieren. Immer oder fast immer nimmt man/frau dabei zu asketischen Techniken Zuflucht, Techniken der Selbstdisziplinierung, Leidenschaftsunterdrückung, Gefühlskontrolle, Entsinnlichung, Entleiblichung, Vergeistigung.[91]

Ein Blick auf Platon. Bei ihm finden sich einige Gedanken zum Tanz. Manche sind es wert, erinnert und aus dem Korsett seines Systems – der Ideenlehre, dem abendländischen Urtypus aller ‚Ideo-Logie' – befreit zu werden. Ein solcher Gedanke ist der von der Einheit der musischen Kunst (musikè téchne) als einer Einheit aus Rhythmus (rhythmós), Harmonie (harmonía) und Logos (lógos, hier als gesungenes Wort) im kultisch-hymnischen Tanz. Im Dialog Alkibiades wird gefragt: „welches ist die Kunst, die darin besteht, daß man richtig Kithara spielt, singt und einherschreitet?" Die Antwort: „Du scheinst die musiké damit zu meinen." (Alk. 108 c-d). Richtig. Im singenden und musizierenden Einherschreiten (sprich: Tanzen) verwirklicht sich die musische Einheit. Wie Hermann Koller in „Musik und Dichtung im alten Griechenland" nachweisen konnte, ist das antike Paradigma der Einheit der musiké der rituelle Tanzgesang, der zu Ehren der Göttinnen und Götter aufgeführt wurde. Der homerische Hermeshymnos berichtet von solch einem Tanzgesang, den die Musengöttinnen gemeinsam mit dem Kitharoden Apollon zelebrieren. Apollon sagt: „Denn ich selbst bin im Geleit der olympischen Musen, / Welchen die Tänze obliegen und herrlicher Gang des Gesangs, / Blühendes Saitengetön und der Flöten anmutiges Blasen." (Hom. h. 4, 450-453).[92] Es geht hier – noch vor Platon und auf antik-mythischem (und vorzivilisatorischem!) Boden – um eine getanzte Einheit aus Rhythmus, Harmonie und Gesang. Also eine Einheit, die erst in und mit dem Tanz überhaupt zu verwirklichen ist. Der Logos gehört als gesungenes Wort mit dazu, ist aber nicht derjenige, der die Einheit herstellt. Derjenige, der die Einheit verwirklicht, ist der tanzende und singende Leib.

Jedoch – und hier fängt das platonisch-leibfeindliche Programm zu greifen an – „Harmonie und Rhythmus aber müssen dem Wort folgen" (Politeia 398 c-d). Denn, soviel steht für den Ideo-Logen Platon fest, die Einheit kann letztlich immer

---

[90] Vgl. hierzu: Kozljanič, R. J.: Die Kunst, sein Leben zu tanzen. Über das exochoreische Ich und seine wilden Sprünge, in: „Ómmasin állois" – Festschrift für Professor Ioannis E. Theodoropoulos zum 65. Geburtstag, Essen 2014, S. 41-70.

[91] Vgl. Böhme, G.: Einführung in die Philosophie, Weltweisheit – Lebensform – Wissenschaft, Frankfurt a. M. [3]1998, v. a. d. 2. Kapitel „Philosophie als Lebensform" mit den Abschnitten „Die Tradition philosophischer Lebensführung: Distanz zum Leibe", 165-168, „Marc Aurel: Die gedankliche Destruktion des Leibes", 168-171, „Die traditionellen Ziele der Apathie, Ataraxie und Autonomie", 81-183.

[92] Vgl. Koller, H.: Musik und Dichtung im alten Griechenland, Bern 1963, Abschnitt „Musiké": S. 5-16.

nur eine begriffliche, eine noetische sein. Die Einheit der musiké téchne gründet also für Platon letztendlich in Logos und Nous. Diese ideo-logische Tendenz – die getanzte Einheit in eine begriffliche hinein aufzulösen, generell: gelebte Zusammenhänge in gedachte zu transformieren (weil sie eben nur dort kontrollierbar sind) – zeigt sich auch an anderer Stelle. Etwa im Dialog „Timaios". Hier darf letztendlich von allen drei Seelenteilen (Bauch-, Brust-, Kopfseele, vgl. Tim. 69a-72d,) nur noch eines ‚tanzen': nämlich die Kopfseele, das hegemonikón bzw., wie es dort heißt, der „Schutzgeist" (daímona; vgl. Tim. 90a-c). ‚Tanzen' wird hierbei nur noch rein allegorisch aufgefasst; allegorisch: denn es meint eigentlich etwas Anderes, Begriffliches: Denken. Das göttliche Endziel des Menschenlebens besteht nun nach Platon darin, sich mit dem Denken der Kopfseele den ewigen Bewegungen der Gestirne (als sichtbares himmlisches Abbild des unsichtbaren Göttlich-Überhimmlischen; vgl. Tim 92c) und über diese dem unsichtbaren, nur denkbaren Göttlich-Ewigen anzugleichen. Also deren ‚Tanz' im eigenen Kopf ‚nachzutanzen' – in Gedanken. Hier bringt Platon den Begriff der mímesis in's Spiel: Vermittels einer zerebralen Nachahmung soll die musische Einheit aus Logos, Harmonie und Rhythmus verwirklicht werden. (Tim. 47a-e). Dies gelänge nur „demjenigen, der sich mit Vernunft [metà noû] den Musen hingibt, nicht zu vernunftloser Lust [hedonèn álogon]" (Tim. 47d). Also, im Klartext, nur durch mathematisches und begriffliches Denken, nur durch das Betreiben von Wissenschaft und Philosophie soll ‚nachgeahmt' werden. Tanz als eine leibliche und sinnliche Bewegung ist hierbei nicht erwünscht. Die Bewegungen des Körpers haben einen negativen Einfluss, sie bringen die vernünftigen Seelenumläufe nur durcheinander (Tim. 43a-44a). Und deshalb hat Platon in seinem Dialog „Politeia" mit dem Musischen kurzen Prozess gemacht und die *freien* Dichter, Sänger und Tänzer aus dem zukünftigen Staat vertrieben – weil und insofern sie sich der Moral des hegemonikón nicht fügen; – nur die ideo-logie-treuen dürfen bleiben.[93]

Diese leib- und tanzfeindliche Tendenz hat sich bei allen nachfolgenden Platonikern gehalten. Die christlichen Philosophen und Kirchenlehrer waren noch radikaler. Einer der ersten Tanzgegner war Augustinus. Auch er wusste um die Einheit der musiké im Tanz. Doch wie anders als die göttergläubige vorplatonische Antike bewertete er sie: „Der Tanz ist ein Kreis, dessen Mittelpunkt der Teufel ist". Aus der musischen Einheit des Tanzes wurde eine teuflische. Doch nicht nur der Reigentanz taucht hier auf, sondern auch Tanzsprünge: auch sie in einer ganz anderen Bewertung. Max von Boehn, mütterlicherseits mit Bettina von Arnim (s. u.) verwandt, hat in seinem von Lebensreform und Lebensphilosophie inspirierten Buch „Der Tanz" darauf hingewiesen, dass, Augustinus zufolge,

[93] Vgl. etwa „Politeia" (607a), wo selbst die Musengöttin, sofern sie nicht das singt, was den von Platon rational begründeten ethischen Normen entspricht, in seinem Idealstaat keine Aufnahme findet.

„jeder Sprung, der beim Tanze gemacht werde, ein Sprung zum Teufel in die unterste Hölle" sei. Und:

> „Ambrosius, Basilius, Ephraem Syrus und andere Kirchenväter waren der gleichen Ansicht, und sie beließen es keineswegs bei einer bloß literarischen Mißbilligung. Der heilige Ambrosius verbot den Christen seiner Erzdiözese Mailand das Tanzen ein für allemal, während die Synode von Auxerre, die im Jahre 573 abgehalten wurde, nur die Reigen in den Kirchen abgestellt wissen wollte. Mögen diese Verbote notwendig oder gutgemeint gewesen sein, genutzt haben sie nicht viel, sie haben nicht einmal vermocht, den rituellen Tanz abzuschaffen."[94]

Ich möchte die platonischen und christlichen Konzepte nun auf sich beruhen lassen. Ein wahrhaft tanzendes oder gar aus der Reihe tanzendes Ich lässt sich mit ihnen nicht greifen. Interessant wäre es in diesem Zusammenhang, Schillers ästhetische Briefe zu konsultieren. Auch hier würden wir dem frühen antiken Bild vom Tanz als einer gelungenen Einheit, das Bild „vom Tanz als einer gelungenen Wechselwirkung von Körper und Geist, von Leib und Seele" begegnen[95] – konkreter, diesseitiger, moderner als bei Platon. Aber auch hier würden wir zwar wichtige Aspekte des Tanzes, nicht aber das tanzende Ich, nicht das aus der Reihe tanzende Ich – das *exchoreische Ich* – finden.

XV. Entdeckung des exochoreischen Ichs: Bettina und Nietzsche

Bettina von Arnim (geb. Brentano, 1785-1859) ist eine der ersten, die dem, was ich oben exochoreisches Ich nannte, in Leben und Literatur ganz nahe kam. Vielleicht ist sie überhaupt die erste. Ihre Lebenskunst ließe sich mit dem Motto zusammenfassen: Gut lebt, wer seelen-, lust- und phantasievoll lebt. Das Ziel ihrer Lebenskunst: Den eigenen Lebenstanz zu tanzen. Mit ihren Worten:

> „Aber meine Seele ist eine leidenschaftliche Tänzerin, sie springt herum nach einer innern Tanzmusik, die nur ich höre und die andern nicht. Alle schreien, ich soll ruhig werden, und Du auch, aber vor Tanzlust hört meine Seele nicht auf Euch, und wenn der Tanz aus wär, dann wär's aus mit mir. [...] Das gelob

---

[94] Boehn, M. v.: Der Tanz, Berlin 1925, S. 48; vgl. hierzu auch die in der zweiten Buchhälfte abgedruckten Dokumente, besonders die „Predigt gegen das Tanzen" aus dem 15. Jh., S. 166-177.

[95] Bishop, P.: Nietzsche und der lebensphilosophische Leib – Zu seiner Theorie des Organischen, in: II. Jahrbuch für Lebensphilosophie (Thema: Leib-Denken), hg. v. R. J. Kozljanič, München 2006, S. 89-120, hier: S. 120.

> ich vor Dir, daß ich nicht mich will züglen lassen, ich will auf das Etwas vertrauen, was so jubelt in mir".[96]

Mich hat diese Sentenz immer fasziniert. Dies aus mehreren Gründen: Zum einen, weil sie von einem tiefen, unzerstörbaren Vertrauen zeugt; einem Vertrauen in das, was in unserer Kindheit und Jugend ungezügelt in uns jubiliert: die eigene Lebenslust, der eigene Genius. Zum anderen, weil dieses Jubilieren, diese eigene Lebenslust mit der Metapher einer „innern Tanzmusik" gefasst wird. Zum dritten, weil die Seele – im Bild bleibend – eine „leidenschaftliche Tänzerin" genannt wird, die diese innere Musik nach außen singen und tanzen will, sie zum Ausdruck bringen muss. Und viertens, weil hier so klar und radikal auf den Punkt gebracht wird: dass ein quicklebendiger Mensch ohne diese innere Musik und ohne diesen leidenschaftlichen Tanz nicht leben könnte, nicht leben möchte – obwohl klar ist, dass man/frau damit meist aus der, von Familie und Gesellschaft für einen vorgesehenen, Reihe tanzen wird.

Aber Bettina ist eben nicht nur eine, die aus der Reihe tanzen kann. Sie ist auch eine, die mit anderen gemeinsam tanzen kann. Ihr Leben beweist es. Sie beherrscht die Kunst des Gemeinsam-Tanzens – von den engeren Kreisen der Familie, über die weiteren Kreise der Gemeinschaft und Gesellschaft bis hin zum großen Kreis der Welt. Sie hat sich sowohl sozial eingesetzt wie auch sozialistisch engagiert. Ein großes solidarisches Herz schlägt in ihrer Brust. Sie kann sich verschenken, hat sich aber nie verloren oder verkauft. Bettina beherrscht die Lebens-Tanz-Kunst. In jungen Jahren intuitiv, rhapsodisch, konglomerativ, in späten Jahren bewusst, souverän, differenziert.

Obiges Schlüsselzitat hat es ja schon angedeutet, dass Bettina dadurch, dass sie dieses innere Jubilieren, diese „innere Tanzmusik" hört und ihr gemäß (aus der Reihe) tanzt, Fühlung mit der Quelle ihrer Lebenslust und Lebensweisheit erhält. Bettina tanzt aber auch auf andere Weise aus der Reihe. Nicht nur in Gesellschaft. Auch, indem sie sich von Alltag und Getöse zurückzieht und Einsamkeit, Nacht, Natur aufsucht. Sie vergleicht sich einmal mit der Nachtigall. Im Gesang der Nachtigall erkennt sie ebenso den aus der Brust tönenden Genius:

> „denn im Weltlärm kann man die Nachtigall nicht hören, nur in der Einsamkeit der Nacht, wo die Natur selbst lauscht. Sag, warum singt die Nachtigall nur in der Einsamkeit der Nacht? – Weil auch sie in ihren Genius, in ihr Ideal verliebt ist, sie spiegelt sich in ihrem Gesang, sie möchte so schön sein wie der Genius, der durch ihre Kehle sich ausspricht. Ich auch möchte sein wie das, was ahnungsweise mir im Geist waltet. Drum entzünde ich mich, um mich auszusprechen und zu trinken, was der Genius durch meinen Geist mir kredenzt, darum

[96] Arnim, B. v.: Clemens Brentanos Frühlingskranz, in: dies., Werke und Briefe, Bd. 1, hg. v. G. Konrad, Darmstadt 1959, S. 11-214, hier: S. 51.

hab ich geliebt, um sprechen zu können, weil dies ein Zusammenkommen mit dem Geliebten ist."[97]

Immer aber zeigt sich, dass dieses leidenschaftliche Jubilieren und Singen die Art und Weise ist, in der der Genius – sie nennt ihn hier auch „Geist" oder „Ideal" – sich artikuliert. Damit sich der Genius in und aus der eigenen Brust artikulieren kann, muss man/frau sich selbst „entzünden". Dies, indem man leidenschaftlich sehnt und liebt – seinen Genius z. B. oder den Genius eines anderen Menschen. Dann erteilt der Genius einem ‚Gesangsunterricht' und ‚Tanzstunden'. Dann tritt er hervor, man/frau kann mit ihm tanzen, sich in ihm spiegeln und erkennen. Denn:

> „Leidenschaft ist Musik. Ein Werk höchster Mächte, nicht außer, sondern tief in uns, sie führt uns mit dem idealischen Ich zusammen, um dessentwillen der Geist in den Leib geboren ist: dies Ich, das allein Leidenschaft entzünden, sie gestalten und bilden kann. Der Mensch wird von der Begeistrung erzogen".[98]

Wichtig ist hierbei immer eine Art Urvertrauen zum eigenen Genius, zum Prinzip des Schöpferischen in einem selbst. Denn hintenherum hängt dieses Urvertrauen sozusagen mit der Welt zusammen. Es ist nicht nur Selbst-, sondern auch Welt-Urvertrauen: „Die Welt ist rund, jeder steht mitten auf ihr, und ihm strömt von ihr zu, was ihn bei Atem erhält."[99]

Bettina von Arnims exochoreische Philosophie und Lebenskunst ist faszinierend. Doch ich möchte, so reizvoll es wäre, mich hier nicht weiter mit ihr beschäftigen und verweise in diesem Zusammenhang auf einen Aufsatz von mir.[100] Nur soviel: alle Aspekte, Voraussetzungen, Kompetenzen eines exochoreischen Ichs (siehe den nächsten Abschnitt) finden sich in Bettina von Arnims Lebenskunst wieder.

Natürlich könnte ich auch auf einen anderen wichtigen philosophischen Aus-Der-Reihe-Tänzer verweisen. Auf Friedrich Nietzsche. Erinnern wir uns jener berühmten Passage aus dem „Zarathustra", in der er von einer neuen „Wahrheit" spricht, nach der sich tanzen lässt, einer „Wahrheit" für die Füße. Also genau das, was am weitesten vom Kopf und seinen leiblos-bewussten Vorstellungen entfernt ist, nämlich die tanzenden Füße, sollen das neue Paradigma abgeben. Nur das, was den Leib begeistert und in Schwung bringt, was ihn zum Tanzen bringt, ist

---

[97] Arnim, B. v.: Ilius Pamphilius und die Ambrosia, in: dies., Werke und Briefe, Bd. 2, hg. v. G. Konrad, Darmstadt 1959, S. 409-708, hier: 513.

[98] Arnim, B. v.: Goethes Briefwechsel mit einem Kinde, in: dies., Werke und Briefe, Bd. 2, hg. v. G. Konrad, Darmstadt 1959, S. 5-407, hier: 386.

[99] Arnim, B. v.: Ilius Pamphilius und die Ambrosia, a. a. O., S. 426.

[100] Kozljanič, R. J.: Lebenskunst, Herzensweisheit und Liebesdenken bei Bettina von Arnim. Oder: Sein ungelebtes Leben tanzen, VII. Jahrbuch für Lebensphilosophie (Thema: Lebendenkerinnen), hg. v. H. Bennent-Vahle, U. Gahlings u. R. J. Kozljanič, München 2014, S. 55-74.

aufsuchens- und erhellenswert. Platon vom Kopf auf die Füße gestellt: Nicht mit den unleiblichen platonischen „Augen des Geistes“, sondern mit dem leiblichen nietzscheschen „Ohren der Füße“ soll dem Leben nachgelauscht werden. Ganz so, wie es im „Zarathustra“ heißt: „da schaukelte schon mein Fuss vor Tanz-Wuth. – Meine Fersen bäumten sich, meine Zehen horchten, dich zu verstehen: trägt doch der Tänzer sein Ohr – in seinen Zehen!“[101]

Aber auch bei Nietzsche (seinen genialen Gedanken, Übertreibungen, Verrenkungen und Einseitigkeiten) möchte ich mich nicht länger aufhalten und verweise hier auf Publikationen andernorts.[102] Zudem hat Nietzsche nur einige der entscheidenden Aspekte eines exochoreischen Ichs hervorgehoben und extrapoliert. Manches Wichtige fehlt. Sein Zarathustra tanzt allein in eisiger Höhe am Abgrund. Er tanzt den ‚Übermenschen'. Die menschlich-mitmenschlichen Komponenten, die einem exochoreischen Ich (trotz aller Brüche und Sprünge bzw. gerade wegen ihnen!) anhaften, seine Herzenswärme, das Mitleid, hat er abgestreift und hinter sich gelassen. Armer Zarathustra.

XVI. Die Lebens-Tanz-Kunst des exochoreischen Ichs

Wie sollte so ein exochoreisches Ich beschaffen sein? Welche Voraussetzungen und Lebenskompetenzen braucht es? Wie ich in einer anderen Publikation zeigen konnte,[103] muss so ein Ich, *erstens*, mit der Gemeinschaft mittanzen können – d. h. es sollte die jeweiligen Tänze kennen und können. Es muss, *zweitens*, in einer Gemeinschaft tanzen, in der es überhaupt möglich ist, aus der Reihe zu tanzen – denn nicht jede Gemeinschaft lässt so etwas zu oder fördert es. Muss aber, *drittens*, auch den Mut haben, aus der Reihe zu tanzen – Aus-Der-Reihe-Tanzen ist nichts für Mitläufer, Streber und Angsthasen. Zudem muss es, *viertens*, Charakter haben – d. h. ein eigenes Profil, eine eigenwillige Individualität, etwas Unangepasstes, etwas, das nicht restlos in der Gemeinschaft aufgeht oder von ihr abgeschliffen wurde. Auch braucht es, *fünftens*, Empathiefähigkeit – zunächst in Bezug auf die Anderen, dann aber auch in Bezug auf sich selbst bzw. in Bezug auf das, was man/frau vielleicht am ehesten das ‚innere Kind' nennen könnte. Obendrein braucht es, *sechstens*, eine doppelte Sensibilität – es muss spüren können, was in den leibseelischen Tiefen seines Ichs zum Ausdruck drängt, aber auch, wann und wie dieses am besten mitzuteilen ist, wann also wie aus der Reihe getanzt werden soll. Und *siebtens*, muss es ein Gespür dafür haben, ob, wann und wie es sich wieder einreihen kann und will – birgt doch jedes Aus-Der-Reihe-

---

[101] Nietzsche, F.: Also sprach Zarathustra, in: Kritische Studienausgabe, Bd. 4, hg. v. G. Colli u. M. Montinari, München 1999, S. 282.

[102] Kozljanič, R. J.: Lebensphilosophie – Eine Einführung, Stuttgart 2004, S. 85-104.

[103] Kozljanič, R. J.: Die Kunst, sein Leben zu tanzen, a. a. O..

Tanzen das Risiko und die Chance, aus der Gemeinschaft herauszufallen, sie hinter sich zu lassen.

Um es noch knapper und in Bezug auf die Kompetenzen eines exochoreisches Ichs zu fassen: Folgende Fähigkeiten sind nötig: 1. Soziale Kompetenzen: Die gesellschaftlichen Tänze mittanzen können. 2. Individuelle Kompetenzen: Aus der Reihe tanzen können. 3. Leibseelische Kompetenzen: Seinen Leib und seine Seele mitsamt ihren Eigenwilligkeiten lieben und kultivieren. 4. Empathische Kompetenzen: Doppelte Sensibilität, nach innen (leibseelisch) wie nach außen (mitmenschlich/mitweltlich). 5. Resoziale Kompetenzen: Sich wieder einreihen können. 6. Sozialkritische Kompetenzen: zur Not über die Gesellschaft hinweg tanzen können.

XVII. Alexis Sorbas und seine Lebens-Tanz-Kunst

Ich möchte hier auf einen modernen Griechen verweisen, der wohl am prägnantesten und mitreißendsten gezeigt hat, was das sein könnte: ein aus der Reihe tanzendes, ein exochoreisches Ich. Ich meine den Schriftsteller und Lebensphilosophen Nikos Kazantzakis[104] bzw. seinen herrlich unzivilisierten ‚Helden' Alexis Sorbas. Ich frage zunächst, wie die verschiedenen Kompetenzen eines exochoreischen Ichs bei Sorbas auftauchen und artikuliert werden.

Erstens: Die gesellschaftlichen Tänze mittanzen können

In seinem über 65-jährigen Leben hat Sorbas viele gesellschaftliche Umgangsformen, Rollen, Berufe, Fertigkeiten und Kniffe gelernt. Auf die Frage „Was hast du

[104] Kazantzakis hat 1907-1909 in Paris am Collège de France Staatswissenschaften studiert. Er hat in dieser Zeit bei Henri Bergson gehört und 1909 mit einer Schrift über Nietzsche promoviert (in der englischen Übersetzung unter dem Titel: „Friedrich Nietzsche on the Philosophy of Right and the State" erschienen). Am Ende seines Romans „Alexis Sorbas" nennt er fünf prägende Gestalten: Homer, Buddha, Bergson, Nietzsche und Sorbas (die Gestalt des Alexis Sorbas geht auf einen Freund namens Georgios Sorbas zurück). Dort heißt es: Homer „ist für mich das friedliche lichterfüllte Auge, wie die Sonnenscheibe, die alles mit erlösendem Glanz beleuchtet; Buddha das grundlose pechschwarze Auge, in dem die Welt versinkt und die Erlösung findet; Bergson erleichterte mich von einigen unlösbaren philosophischen Fragen, die mich in der ersten Jugend quälten; Nietzsche bereicherte mich mit neuen quälenden Unruhen und lehrte mich, das Unglück, die Bitterkeit, die Unsicherheit in Stolz zu verwandeln, und Sorbas lehrte mich, das Leben zu lieben und den Tod nicht zu fürchten." Kazantzakis, N.: Alexis Sorbas, München 2001 (Ersterschienen Athen 1946 unter dem Titel „Bíos kaì Politeía toû Aléxe Zormpâ") S. 345. – Ich möchte an dieser Stelle Christian Seidel (alias ‚Don Chris') danken: dafür, dass er mir so einige literarische und filmische Welten erschlossen hat, z. B. auch Alexis Sorbas, aber auch den Doku-Film „Darwin's Nightmare" (Hubert Sauper 2004) und „Searching for Sugar Man" (Malik Bendjelloul 2012). Herzlichen Dank!

für einen Beruf?“ antwortet er, nicht ohne Stolz: „Alle, die man mit Fuß, Hand und Kopf ausüben kann, alle.“[105] Er ist kein Intellektueller, kein Akademiker, sondern Arbeiter und Handwerker. Er singt, musiziert und tanzt gut und gern. Er hat vieles erlebt, hat in verschiedensten Länder gearbeitet und gekämpft. Er kennt viele Geschichten, erzählt mitreißend. Auf eine unverbogene, authentische Art macht er sich Gedanken über Gott und Welt, Sex und Körper, Mann und Frau, Geburt und Tod. Er ist ein rustikales Allround-Genie, ein gleichsam bodenständiger *uomo universale*, ein Mann mit Hand, Herz und Hirn. Sein Humanismus ist keiner der Gelehrtenstuben und Intellektuellenzirkel, keiner der humanistischen Gymnasien, kein Humanismus der Moralapostel und Ideo-Logen, sondern ein Humanismus des Lebens, der (in Anlehnung an Terenz) jederzeit von sich sagen könnte: „Ich bin ein Mensch: nichts Menschliches ist mir fremd.“ Wie ihn der Ich-Erzähler beschreibt:

> „Dieser Mann [...] hat viel erlebt und erlitten, sein geistiger Horizont und seine Gefühlswelt weiteten sich, ohne daß er seine ursprüngliche Kühnheit verlor. [...] Er kann sich selten vertun, denn er stützt sich mit seinem ganzen Körper, vom Scheitel bis zur Sohle, auf die Erde.“[106] „Die Sterne berührten ihn, die Meereswogen brachen sich an seinen Schläfen. So erlebte er, ohne den verzerrenden Spiegel der reinen Vernunft, die Erde, das Wasser, die Tiere und Gott.“[107]

Er hat sich nicht für ein bürgerliches Leben entschieden. Aber er kennt doch diese Welten und ihre Umgangsformen. Er weiß, wie man/frau sich zu einem offiziellen Anlass benimmt, er kennt das volle Programm und kann es bedienen. Wenn er es auch nicht sehr schätzt:

> „Es wird hohe Zeit! Wir müssen uns feinmachen! Der Pope und die Honoratioren müssen jeden Augenblick erscheinen. [...] Darum Kragen um und Krawatten an! Und ernste Gesichter aufgesetzt! Einen Kopf braucht der Mensch nicht zu haben, ein Hut genügt ... Pfui, was für eine verrückte Welt!“[108]

Zweitens: Aus der Reihe tanzen können

Sorbas ist ein Meister des Aus-der-Reihe-Tanzens. Er spürt und weiß nicht nur, wann es Zeit ist, aus der Reihe zu tanzen. Er akzeptiert auch, dass es Zeiten gibt, wo das – v. a. aus inneren Gründen – nicht geht. Einmal würde er zwar gern Santuri spielen, aber irgendetwas passt nicht. Das Instrument: „es will nicht ... ich

---

[105] Kazantzakis, N.: Alexis Sorbas, München 2001, S. 14.
[106] Kazantzakis, N.: a. a. O., S. 74
[107] Kazantzakis, N.: a. a. O., S. 156.
[108] Kazantzakis, N.: a. a. O., S. 255.

darf es nicht zwingen."[109] – Wenn aber alles zusammenpasst, dann springt er auf und musiziert ekstatisch.[110] Oder er tanzt sich wie ein Wilder eine maßlose Freude aus dem Leib.[111] Nach so einer verrückt-freudetaumelnden Tanzeinlage sagt er einmal:

> „Warum schaust du mich so an? Ich bin nun einmal so. Ein Teufel sitzt in mir. Er befiehlt mir, und ich tue, was er mir sagt. Jedesmal, wenn ich aus irgendeinem Anlaß zu ersticken drohe, ruft er: ‚Tanze!' Und ich tanze. Und ich bin sofort wieder in Ordnung."[112]

Sorbas tanzt sich nicht nur die Freude aus dem Leib, nein, er tanzt sich auch Sorge und Schmerz von der Seele.

> „Als mein Kind, der kleine Dimitrakis, damals auf der Chalkidike starb, sprang ich genauso auf und tanzte. Die Verwandten und Freunde, die mich angesichts der Leiche tanzen sahen, stürzten sich auf mich, um mich zu packen. ‚Sorbas ist verrückt geworden, Sorbas ist verrückt geworden!' schrien alle. Hätte ich aber in diesem Augenblick nicht getanzt, wäre ich tatsächlich vor Schmerz verrückt geworden. Er war mein erstgeborener Sohn, drei Jahre alt, ich konnte den Verlust nicht überwinden."[113]

Bei all dem hat Sorbas ein klares Bewusstsein davon, was dem Arbeits-Alltags-Ich zusteht – und was dem exochoreischen. Als er mit dem Ich-Erzähler vereinbart, für diesen zu arbeiten, sagt er:

> „Schuften für dich, soviel du willst. Wie ein Sklave! Aber das mit dem Santuri ist was Besonderes. Dieses Instrument ist ein Raubtier, es will Freiheit. Wenn ich dazu aufgelegt bin, werde ich spielen. Und tanzen werde ich [...]. Aber – verstehst du – ich muß dazu aufgelegt sein. Klare Rechnung, du darfst mich nicht zwingen. Dann hast du mich verloren. In diesen Dingen – mußt du wissen – bin ich ein Mensch." Und auf die Frage, was er damit meine, antwortet Sorbas: „Na, frei."[114]

Sorbas ist also zu vielen Kompromissen bereit. Nur nicht zu einem: Sich das Aus-Der-Reihe-Tanzen nehmen zu lassen. Eine interessante, tiefschürfende Beobachtung: Unfrei wird man/frau nicht unbedingt dadurch, dass man/frau zeitweise wie ein Lohn‚sklave' schuftet, sondern dadurch, dass man/frau sein exochoreisches Ich – das Herzstück des eigenen Ichs – in Dienst stellt und prostituiert.

---

[109] Kazantzakis, N.: a. a. O., S. 91.
[110] Kazantzakis, N.: a. a. O., S. 174.
[111] Kazantzakis, N.: a. a. O., S. 82-83.
[112] Kazantzakis, N.: a. a. O., S. 85.
[113] Kazantzakis, N.: a. a. O., S. 85-86.
[114] Kazantzakis, N.: a. a. O., S. 19.

Drittens: Seinen Leib und seine Seele mitsamt ihren Eigenwilligkeiten lieben und kultivieren

Dass und wie Sorbas zu den eigenwilligen und unkonventionellen Stimmungen und Launen seines Leibes und seiner Seele steht, hat sich soeben gezeigt. Er gibt ihnen nach, er folgt ihnen am Leitband der Lust und des Schmerzes. Er lässt sie ihren Ausdruck finden und sie so wieder zur Ruhe kommen. Er käme nie auf die Idee, das Sinnliche und Eigenwillige seines Leibes und seiner Seele asketisch abzutöten oder normierend anzugleichen. Nie käme er auf die Idee, dass geschlechtliche Lust etwas Schlechtes oder Sündhaftes wäre. Den eigenen Finger aus Verzweiflung und in Rage abhacken: Ja. Die körperliche Unversehrtheit in Kampf und Zorn riskieren: Ja. Aber aus asketischen Gründen sein Genital verstümmeln: Nein. „Das Ding abhacken! Zum Teufel [...]! Das harmlose Ding ist doch niemals ein Hindernis. [...] das ist doch gerade der Schlüssel zum Paradies. [...] Verstümmelte kommen nicht ins Paradies“.[115]

Sorbas liebt seinen Körper und gibt ihm das seine, ohne ihn zu verzärteln oder sein Sklave zu sein. „Auch der Körper hat eine Seele, erbarme dich seiner! Gib ihm zu essen“.[116] Nicht nur der eigene Körper hat eine Seele, alles Körperliche, Elementare, Materielle: „Mir ist es schleierhaft. Alles hat eine Seele, das Holz, die Steine, der Wein, den wir trinken, die Erde, über die wir gehen. Alles ...“[117] Mehr noch: Körper, Seele, Geist nähren sich daran; so, „daß auch das Essen eine seelische Verrichtung ist und daß Fleisch, Brot und Wein Urstoffe sind, aus denen der Geist entsteht.“[118] „Ja, mein Lieber, wie tief ist doch die Menschheit gesunken, hol's der Teufel! Sie hat den Körper verstummen lassen, und nur der Mund redet noch.“[119] V. a. in Momenten eines intensiven leiblich-sinnlichen Erlebens spürt man/frau: „Seele und Körper sind aus dem gleichen Stoff geschaffen.“[120] Oder, wie es der Ich-Erzähler formuliert:

> „daß auch die Seele Fleisch ist, nur sie ist vielleicht beweglicher, durchscheinender, freier, aber Fleisch. Und das Fleisch ist Seele, nur daß es ein wenig schläfrig ist. Aber in den großen Augenblicken erwacht auch es, schaut auf und wirft alle seine fünf Fangarme[121] hoch wie Flügel.“[122]

Weil Sorbas seinen Leib und seine Seele liebt, weil er ihnen gegenüber kein prinzipielles Misstrauen kennt, und sich ihnen immer wieder anheim gibt, weiß er,

---

[115] Kazantzakis, N.: a. a. O., S. 23.
[116] Kazantzakis, N.: a. a. O., S. 41.
[117] Kazantzakis, N.: a. a. O., S. 91.
[118] Kazantzakis, N.: a. a. O., S. 78.
[119] Kazantzakis, N.: a. a. O., S. 87.
[120] Kazantzakis, N.: a. a. O., S. 255.
[121] D. h. seine fünf Sinne; Anmerkung von mir, R. J. K.
[122] Kazantzakis, N.: a. a. O., S. 265-266.

dass ihre Eigendynamiken meistens nicht bodenlos sind. Bodenlos werden sie oft erst dadurch, dass sie nie (oder nie so, wie sie es gerne möchten) zum Zuge kommen dürfen. Auf diese Art und Weise hat Sorbas sozusagen eine hedonistische Diätetik der Leibseele entwickelt, eine sinnliche Katharsis-Therapie.

> „Weißt du [...,] was ich tue, wenn ich Lust auf irgendwas habe? Ich esse, esse soviel davon, bis ich es satt habe, dann habe ich mich befreit und denke nicht mehr daran. Oder nur mit Widerwillen. Als kleiner Junge war ich wie toll hinter Kirschen her. [...] Ich aß und aß, bis ich aufgetrieben war wie ein Ballon. Der Magen schmerzte mir, ich erbrach mich. Seit dem Tag bin ich geheilt. Ich konnte keine Kirschen mehr sehen. Ich war wieder ein freier Mensch. [...] Später machte ich es genauso mit dem Wein und Tabak. Ich trinke zwar noch, ich rauche zwar noch, aber sobald ich es will, kann ich Schluß machen. Ich bin nicht mehr ein Sklave meiner Leidenschaften. So ging es auch mit dem ‚Vaterland'." – Auf die Frage, wie es mit den Frauen stehe, antwortet Sorbas: „Auch die kommen noch an die Reihe, die Teufelsbraten! Aber erst, wenn ich siebzig bin. [...] Achtzig! [...] Du lachst? Meinetwegen! Nur so befreit sich der Mensch, hör auf mich, nur so befreit er sich – als Lebemann, nicht als Asket."[123]

Auch in diesen Worten Sorbas' scheint mir eine tiefe Lebensweisheit verborgen zu sein. Zugleich aber auch einige wichtige offene Fragen: Funktioniert diese hedonistische Katharsis-Therapie immer? Was ist, wenn das Sich-kompromisslos-einer-Lust-Hingeben zur abgründigen Sucht wird? Zu einer selbst- und fremddestruktiven Sackgasse? Also: Wann ist diese Katharsis-Therapie angesagt? Immer dann, wenn eine wichtige Lebens-Lust-Quelle nicht fließen darf, gehemmt, gemaßregelt, unterdrückt oder verdrängt wird und *daraufhin* als etwas Zwanghaftes, Zerstörerisches, Lebensfeindliches wiederkehrt? Oder besser schon im Vorfeld, bevor es zu Hemmung und Unterdrückung kommt? Was bietet nachhaltigeren Schutz vor einem Abgleiten in Sucht und Versklavtwerden durch bodenlose Begierden, Leidenschaften, Gefühle: Enthaltung oder Ausleben? Worin liegt der größere Freiheitsgewinn: Selbstdisziplin oder Sich-mitreißen-lassen-Können? Alles Fragen, die nur kontextabhängig beantwortet werden können. Solche Kontexte wären: Will/kann/muss man/frau überhaupt bürgerlich-zivilisatorisch leben? Wieviel Selbstdisziplin ist nötig, um nicht aus Gesellschaft und Arbeitswelt herauszufallen? Wie repressiv ist eine Person/Familie/Gesellschaft; und: wo liegen hiebei die (künstlich-anstachelnden und zur Radikalität neigenden) Reize des Verbotenen? Was unterscheidet überhaupt den künstlichen Reiz des Verbotenen von einem natürlichen[124] leibseelischen Bedürfnis? Wie *konsum*-hedonistisch ist ein Person/Gesellschaft: welche konsum-ökonomischen und werbe-

---

[123] Kazantzakis, N.: a. a. O., S. 219-220.

[124] „Natürlich" hier im (human-)biotischen, nicht (human-)biologischen Sinne genommen!

psychologischen Verführungen und Verführungsstrategien gibt es? Wie wird dabei das leibseelische Lust- und Unlustgefühl (das meist sehr gut weiß, was es will und wann es genug ist) unterlaufen, umgangen, ausgehebelt? Welche Rolle spielen dabei die vielleicht schlimmsten künstlichen Suchtmittel: Geld, Macht, Konsum? Und welche Rolle die künstlichen Suchtmittel zweiter Reihe: die harmloseren (Kaffee, Tabak, Zucker, Bildschirm ...) wie die härteren (Alkohol, Tranquilizer, Antidepressiva, Kokain, Heroin ...)? Wie zivilisatorisch-affektkontrolliert ist eine Person/Gesellschaft? Wie stark ist ihr Über-Ich und zu welchem Verdrängungspreis wurde diese Stärke ermöglicht? Wo ist diese Stärke nötig, wo ist sie fehl am Platz? Wie Theodor Lessing in seiner Theorie der „Rauschsurrogate“ gezeigt hat, entsteht Sucht ganz oft dann, wenn ein echter Lebensrausch (jede Art von naturnaher Sinnes-, Leibes- und Seelenekstase) durch ein zivilisatorisches und/oder ideologisches Suchtmittel ersetzt wird.[125] Wie der Begründer der Gestalt-Therapie, Fritz Perls, gezeigt hat, kommt es zu destruktiven Verschiebungen und Fixierungen vornehmlich dann, wenn ein eigendynamischer leibseelischer Bedürfnis-Befriedigungs-Zyklus (Gestaltkreis) nicht durchlaufen werden kann/darf.[126] – All das zeigt, dass Sorbas’ hedonistische Katharsis-Therapie ein wichtiges leibseelisches ‚Heilmittel’ ist, vielleicht das wichtigste – aber eben kein *Allheilmittel.*

Man/frau kann diesen Fragen auch noch von einer anderen Seite näher kommen. Wie schrieb Kazantzakis in Bezug auf Sorbas? „In alten, primitiven und schöpferischen Zeiten wäre Sorbas Häuptling eines Stammes geworden [...]. Oder er wäre ein berühmter Troubadour geworden [...]. In unserer undankbaren Zeit streicht er wie ein hungriger Wolf um die Hürden oder wird der Hanswurst irgendeines Federfuchsers.“[127] Oder er muss sich wie ein „alter Gauner“ benehmen.[128] All das geht nicht ohne „ein bisschen Verrücktheit“ ab.[129]

Ich möchte diese Einschätzung aus eigener Erfahrung bestätigen und ergänzen. Denn auch ich kenne so einige ‚Sorbasse’, also Menschen meines Freundes-, Verwandten- und Bekanntenkreises, die der Gestalt des Alexis Sorbas ähneln.[130] Die ‚Sorbasse’ haben in unserer durchkapitalisierten und durchbürokratisierten Welt keinen leichten Stand. Sie sind fast immer hervorragende Lebenskünstler/innen. Für diese Menschen – die meist ausgesprochene Aus-der-Reihe-Tänzer (Exochoreiaten) sind – ist es entscheidend, dass sie eine ‚Nische’ finden. Sonst gehen sie unter, verzweifeln, zerbrechen, enden in Sucht, Depression, Selbstzer-

---

125 Vgl. hierzu: Lessing, T.: Nietzsche, Berlin 1925.
126 Vgl. Perls, F.: Grundlagen der Gestalt-Therapie. Einführung und Sitzungsprotokolle. München 1976; und: ders.: Das Ich, der Hunger und die Aggression. Die Anfänge der Gestalt-Therapie, München 1989.
127 Kazantzakis, N.: a. a. O., S. 88.
128 Kazantzakis, N.: a. a. O., S. 221.
129 Kazantzakis, N.: a. a. O., S. 332.
130 Und ich selbst bin ihr, glaube ich, ebenfalls nicht ganz unähnlich.

störung. Nicht ohne Grund werden manchen von ihnen Künstler/innen: denn die Kunst bietet eben Nischen, damals wie heute. Haben diese Exochoreiaten ihre ‚Nische' gefunden, dann können sie sich von dort aus auch wieder der Gesellschaft annähern, wieder mit ihr ‚mittanzen', die Gesellschaft kritisieren, bereichern, ändern oder manchmal auch belächeln. Aber selbst dann stehen sie oft mit einem Bein in der Sucht. Manche, aber längst nicht alle, sterben früh. Relativ gut aufgestellt sind diejenigen, die neben ihrem hedonistisch-exochoreischen Lebensstil ein starkes, zu Lust *und* Selbstdisziplin fähiges Ich haben, eine starken Willen *und* zugleich eine innere Flexibilität und (Ver-)Wandlungsfähigkeit. Die das Leben also sowohl ergreifen als auch sich ihm hingeben können. Der hedonistisch-exochoreische Lebensstil mit all seinen inneren und äußeren Freiheiten und Ungebundenheiten ist kein ‚Zuckerschlecken' – obwohl das ‚Zuckerschlecken' wesentlich dazugehört. Schwer zu sagen, aber neben der künstlerischen und/oder lebenskünstlerischen Grundausrichtung scheint auch eine körperliche und leibseelische Praxis wichtig (weil stabilisierend) zu sein. Ob als körperlich-handwerkliche oder künstlerisch-handwerkliche Arbeit, ob als körperlich-abenteuerlicher Sport oder als leibseelische Übung. Denn das lebenskünstlerisch-exchoreische Ich will nicht nur Lust und Hingabe, sondern auch Aufgaben, Herausforderung, Abenteuer und Gefahr. Es will nicht nur Traum, sondern auch Tat, will sich verlieren wie sich neu wiederfinden, will zupacken und sich weiter entwickeln, will sich ungezwungen kultivieren ...

Viertens: Doppelte Sensibilität, nach innen (leibseelisch) wie nach außen (mitmenschlich/mitweltlich)

Wie Sorbas das, was in der Tiefe seiner Leibseele tönt und sich Gehör verschaffen will, mit feinem Ohr zu vernehmen weiß, hat sich soeben gezeigt. Weshalb ich mich nun auf den zweiten Aspekt konzentrieren kann: auf die nach außen, auf die Mitmenschen gerichtete Sensibilität. In Sorbas Brust schlägt ein großes Herz. Es hat früher für das Vaterland geschlagen, hat sich für die eigene Nation eingesetzt – v. a. auch im Krieg. Sein Herz kann lieben, mitleiden, sich aber auch ereifern und zürnen – und für die (vermeintlich oder tatsächlich) gerechte Sache kämpfen und töten.

Einmal hat Sorbas für das Vaterland und gegen die Bulgaren gekämpft. Ein griechischer Lehrer wurde im Schlaf von einem bulgarischen Popen umgebracht. Sorbas rächte diesen Mord, indem er seinerseits den Bulgaren zu Hause auflauerte und brutal abschlachtete, ihm die Ohren als Trophäe abschnitt. Nach einigen Tagen kam er als Hausierer getarnt wieder in das Dorf des getöteten Popen, um Lebensmittel einzuhandeln. Er begegnete fünf kleinen Kindern, schwarz gekleidet. Wie sich herausstellte, waren es die Kinder des getöteten Popen. Das traf Sorbas in's Herz.

> „Die Tränen traten mir in die Augen. Die Erde begann sich wie ein Mühlrad zu drehen. [...] ‚Kommt näher, Kinder!' sagte ich. [...] Ich zog meine Börse aus dem Gürtel. Sie war mit türkischen Pfunden und Talern gespickt. Ich kniete nieder und leerte sie: ‚Da! Greift zu! [...] Das ist alles für euch!' [...] Ich überließ ihnen auch meine Ware mitsamt dem Korbe. [...] Dann laufe ich spornstreichs davon. Ich verlasse das Dorf, öffne mein Hemd, zerre die gestickte Hagia Sophia unter dem Hemd hervor, reiße sie in Fetzen und nehme die Beine in die Hand. Und ich laufe immer noch! Heute noch! [...] So wurde ich es los. [...] Das Vaterland los, die Popen los, das Geld los. [...] Ich befreie mich, ich werde ein Mensch."[131] „Du sprichst noch vom Vaterland! [...] Du glaubst an die Albernheiten, die in den Schmökern stehen. Du solltest mir lieber glauben! Solange es Vaterländer gibt, bleiben Menschen Untiere [...] Aber ich habe mich gottlob davon befreit, bin damit fertig."[132]

Sorbas durchlebt und durchschaut Ideale und Institutionen wie Vaterland, Religion, Geld. Er befreit sich auch hiervon vermittels seiner sinnlichen Katharsis-Therapie, wird, wie er sagt, Mensch. Er wird in einem affirmativen Sinn: menschlich. Und das ist beachtenswert. Er endet nicht in einer verzweifelten Desillusion oder in einem abgründigen Zynismus, sondern er befreit sich von aufgesetzten, inszenierten, ideologischen und demagogischen Idealen und Gefühlen, nicht aber von den vorideologischen, vordemagogischen Regungen des Herzens. Diese treten gerade dann erst in ihrer Klarheit und Universalität hervor. Und da tritt nicht nur ein gerechter solidarischer Zorn hervor, der gegen jede Art von Instrumentalisierung, Unterdrückung und Ausbeutung von oben her – also von den großen Machtzentren her – kämpft, sondern v. a. ein Mitgefühl mit allen leidenden, liebenden und unterdrückten Menschen und Kreaturen. Sorbas hat sich von einer weit verbreiteten Unart befreit. Statt nach oben zu ducken und nach unten zu treten, tritt er, wenn es denn sein muss, nach oben und solidarisiert sich nach unten.

Der existenzielle Prozess der Desillusionierung führt bei Sorbas nicht zu einer gleichsam existenzialistisch-radikalen Reaktion – zu einem verabsolutierten Nihilismus und Misanthropismus –, sondern zu einer authentischen Besinnung auf grundlegende menschliche Werte. Man/frau könnte hier mit Otto Friedrich Bollnow von einer „einfachen Sittlichkeit" sprechen. Mir persönlich klingt Sittlichkeit etwas zu moralinhaltig. Es erinnert mich, ich weiß auch nicht genau wieso, immer an ‚Sittenwächter' und ‚Sittenpolizei'. Ich spreche deshalb lieber von Basisethos. Obwohl ich den bollnowschen Ansatz als solchen – die Unter-

---

[131] Kazantzakis, N.: a. a. O., S. 251-252.
[132] Kazantzakis, N.: a. a. O., S. 254.

scheidung von „hohem Ethos“ und „einfacher Sittlichkeit“, d. h. von offiziell-propagierter und einfach-gelebter Moral – gut und entwicklungsfähig finde.[133]

Sorbas ist Nihilist. Schon. Aber er liebt auch das Leben, die Menschen, im Lachen wie im Weinen. Und deshalb halten sich Nihilismus und Lebensliebe bei ihm die Waage. Sein Nihilismus ist eben kein verabsolutierter. Wie der Ich-Erzähler von Sorbas sagt:

> „Ich bewunderte ihn, daß er so stark war und einen solchen Ekel vor den Menschen empfinden konnte und daß es ihm doch Spaß machte, mit ihnen zu leben und sich mit ihnen auseinanderzusetzen. Ich wäre schon längst Asket geworden oder hätte die Menschen mit falschen Federn geschmückt, um sie ertragen zu können.“[134] „Endlich ein Mensch, wie er sein soll, dachte ich und beneidete Sorbas um seinen Schmerz. Ein Mensch mit warmem Blut und festen Knochen. Der echte Tränen im Leid vergießt. Und sich im Glück die Freude dadurch nicht verdirbt, daß er sie durch ein metaphysisches Sieb laufen läßt.“[135]

Intellektueller Dünkel – in akademischen Kreisen weit verbreitet, weil von klein auf ansozialisiert – ist ihm fremd; ethische Überheblichkeit – bei Moralaposteln und Missionierern unterschwellig oft vorhanden – ebenso. Alle Arten von sittlichem Überbau (mit Bollnow: alle „Formen des hohen Ethos“)[136] sind ihm suspekt. Sein Basisethos ist eine Art unsentimentales Mitleid: „Aber ich hab’ auch ein Herz, das Mitleid empfindet.“[137]

> „Ob Bulgare oder Türke, ist nebensächlich. [...] Ob gut oder schlecht – sie dauern mich alle. Es fährt mir durch Mark und Bein, wenn ich mir einen Menschen ansehe, auch wenn ich tue, als ob ich mir einen Dreck aus ihm machte. Ich sage mir: Auch dieses arme Luder ißt, trinkt, liebt und hat Angst.“[138]

Wenn er auch gesellschaftliche Tänze gut mittanzen kann bzw. gesellschaftliche Konventionen bedienen kann: er schätzt sie nicht. Trotzdem dünkt er sich nicht überlegen, wirft sich nicht zur Rolle des Weltverbesserers auf. Er schätzt diese Konventionen nicht, hat aber doch Mitleid und Verständnis für diejenigen, die an sie glauben, die sie täglich leben und oft auch brauchen:

> „Laß die Leute in Ruhe, Chef, und öffne ihnen die Augen nicht! Wenn du es tätest, was würden sie sehen? Ihre Hoffnungslosigkeit. Laß sie also mit ge-

[133] Bollnow, O. F.: Einfache Sittlichkeit, Göttingen 1947, S. 17-29.
[134] Kazantzakis, N.: a. a. O., S. 65-66.
[135] Kazantzakis, N.: a. a. O., S. 278.
[136] Bollnow, O. F.: a. a. O., S. 17-18.
[137] Kazantzakis, N.: a. a. O., S. 246.
[138] Kazantzakis, N.: a. a. O., S. 253-254.

> schlossenen Augen träumen! [...] Außer, du könntest ihnen [...] eine bessere Welt zeigen".[139]

Zum Basisethos von Sorbas, zu seiner ruppigen Mitgefühlsethik, gehört auch das, was man/frau mit Albert Schweitzer „Ehrfurcht vor dem Leben" nennen könnte. Dieses ethische Grundprinzip Schweitzers vereint die „Ethik der Hingebung" mit der „Ethik der Selbstvervollkommnung".[140] Jedem Lebewesen, jedem Willen zum Leben, so Schweitzer, inhäriere ein Wunsch nach Lebenssteigerung und Lebensvervollkommnung. Die Lebewesen und ihre Wünsche sollten respektiert werden. Denn: „Ich bin Leben, das leben will, inmitten von Leben, das leben will."[141]

Alexis Sorbas hätte diesen genialen schweitzerschen Schlüsselsatz sofort unterschreiben können. Eventuell hätte er die „Ethik der Selbstvervollkommnung" gegen eine Ethik des Sich-Selber-Tanzens ausgetauscht. Der „Ethik der Hingebung" wäre er auf ganz sinnlich-leibliche Art gefolgt – freilich etwas anders als bei Schweitzer anvisiert. Dass Mitleid und Mitgefühl mit Mensch und Natur für Sorbas wichtig sind, hat sich schon gezeigt. Jedoch, das sollte nicht verschwiegen werden, den sittlichen Rigorismus Schweitzers hätte er so nicht mitgemacht. Für Schweitzer gilt: „Das Leben als solches ist ihm heilig. Er reißt kein Blatt vom Baume ab, bricht keine Blume und hat acht, daß er kein Insekt zertritt."[142] Sorbas' Mitgefühl ist tief. Es reicht bis in die (vermeintlich) unbelebte Natur hinein. Die Natur ist für ihn in gewisser Weise auch heilig, aber er macht keine strenge Ethik, kein sittliches Dogma daraus. Während er eine erste wilde Narzisse pflückt, sie staunend betrachtet, ihren Duft einsaugt, sie weiterschenkt, sagt er:

> „Wenn man wüßte [...] was die Steine, Blumen, der Regen zu sagen haben! Vielleicht rufen sie, vielleicht rufen sie uns, und wir – wir haben kein Gehör mehr dafür. [...] Wann öffnen sich endlich die Ohren der Menschen? [...] Wann öffnen sich die Arme, daß sich alles umarmt, die Steine, die Blumen, der Regen, die Menschen? Was meinst du? Was sagen deine alten Schmöker dazu? [...] Ich will dir einen Vorschlag machen, aber sei mir nicht böse! Wirf alle deine Schmöker auf einen Haufen und stecke sie an. Hernach, wer weiß? Du bist nicht dumm, du bist ein guter Mensch ... Vielleicht wirst du dann einiges begreifen."[143]

Wie sich hier zeigt, ist Sorbas kein allzu großer Freund der Gelehrten und ihrer Bücherweisheit. Er trägt diesbezüglich drei große Bedenken. Zum einen: Vergiss

---

[139] Kazantzakis, N.: a. a. O., S. 73.
[140] Vgl. Schweitzer, A.: Kultur und Ethik, München 1960, v. a. die Kapitel „XX. Ethik der Hingebung und Ethik der Selbstvervollkommnung" S. 316-328 und „XXI. Die Ethik der Ehrfurcht vor dem Leben" S. 328-353.
[141] Schweitzer, A.: a. a. O., S. 330.
[142] Schweitzer, A.: a. a. O., S. 331.
[143] Kazantzakis, N.: a. a. O., S. 110.

nie, dass Bücherlesen und Studieren die leibliche Lebenserfahrung und den „Schauer der Ehrfurcht“ vor dem Leben nicht ersetzen können. Zum anderen: Pass auf, dass du dich nicht in dürren Formalismen und blutleerer Theorie verlierst. „Du hast zwei- oder dreitausend Kilo Papier ausgequetscht. Wieviel Saft hat es ergeben?“[144] Und: Atmen deine Worte „Erdgeruch“ und „menschliche Wärme“?[145] Zum dritten: Halte dich fern von Oberlehrern und Schulmeistern:

> „Du hörst nur, was in deinen Büchern steht. Überlege dir einmal, was für Leute sie eigentlich schreiben! Pff! Lehrer. Und was verstehen Lehrer von Schürzenjägern und von den Weibern? Diese Armleuchter! [...] Die Welt ist unter die Fuchtel der Schulmeister geraten.“[146]

Fünftens: Sich wieder einreihen können

Dass sich Sorbas wieder einreihen kann, hat er in seinem Leben desöfteren, am Ende seines Lebens ein letztes Mal gezeigt. Er hat sich schließlich in Skopje, Serbien, niedergelassen, nochmals geheiratet, dort neue Freunde gewonnen, ein Magnesitbergwerk erworben und geführt, um schließlich, ohne sich untreu zu werden, als ein etablierter Mann zu sterben.[147]

Sechstens: Über die Gesellschaft hinweg tanzen können

Und dass er – dieser Prototypus eines Exochoreiaten –, wenn es sein muss, auch über die Gesellschaft hinwegtanzen kann, hat er oft bewiesen. Selbst seine letzten Worte, über den Dorflehrer an den Ich-Erzähler gesandt, zeugen davon:

> „Und daß ich nichts bereue von dem, was ich getan habe. Und sage ihm, es möge ihm wohl ergehen und es sei Zeit, daß er vernünftig werde ... Und wenn ein Priester kommen sollte, um mir die Beichte abzunehmen und das Abendmahl zu reichen, so sage ihm, er möge sich wegscheren, ich will seinen Fluch haben! Ich habe vieles getan in meinem Leben, doch es ist noch zu wenig; Menschen wie ich müßten tausend Jahre leben. Gute Nacht!“[148]

XVIII. Lass dich nie von den Lebensquellen abschneiden

Eine für mich wesentliche Frage lautet: Welche Welt, welcher Leib (auch: welche Vernunft) wird dem Kind kulturell eröffnet? In welche Welt- und Leiblichkeit darf

---

[144] Kazantzakis, N.: a. a. O., S. 299.
[145] Kazantzakis, N.: a. a. O., S. 309.
[146] Kazantzakis, N.: a. a. O., S. 244.
[147] Kazantzakis, N.: a. a. O., S. 343-344.
[148] Kazantzakis, N.: a. a. O., S. 343-344.

es, mit dem, was es schon mitbringt, hineinwachsen? Und in welche nicht? Was wird dabei verschlossen? Und wie wirken sich diese Eröffnungen und Verschließungen später, wenn das Kind erwachsen geworden ist, aus? Wurden durch diese Eröffnungs- und Verschließungsprozesse das Kindliche, Naiv-Spielerische, Sinnlich-Lustvolle, Offenherzige, Naiv-Empathische gefördert? Kann solches später auf eine reifere Stufe gehoben werden? Kann es kultiviert werden? Oder bleibt es auf der Strecke? Wird es versperrt? Kommt es unter die Räder der Zivilisationsmaschine?

Wir kennen alle den Unterschied zwischen Erwachsenen, die sich etwas Kindliches bewahren (es vielleicht sogar kultivieren) konnten und denen, bei denen dies nicht der Fall ist. Bei den einen leuchten die Augen, bei den anderen sind sie stumpf. Bei Sorbas leuchten sie: „Seine Augen leuchteten, sein Gedächtnis strömte über, seine Füße bekamen Flügel, er tanzte.“[149] Und genau das kann man/frau bei dem großen Exochoreiaten Sorbas lernen: dass und wie man/frau sich etwas Kindliches und das Leuchten der Augen bewahren kann.

Eine besonders bezeichnende Szene sei abschließend wiedergegeben. Sorbas steht halbnackt in der Tür und bewundert den gleichsam über Nacht hervorgesprossten Frühling. Mit feuchten Augen sagt er:

> „Was ist nur geschehen [...]? [...] Bei Gott, ich sehe die Welt zum erstenmal. Was für eine Wunder ist dieses Blau, das sich dort hinten leise wiegt? Wie heißt es? Meer? Meer? Und dieses andere Wunder, das ein grünes Kleid mit Blumen trägt? Erde? Welcher Künstler hat sie geschaffen? Ich schwöre dir [...], ich sehe das so zum erstenmal.“

Daraufhin stürzt er hinaus in’s Freie, springt und tanzt, wälzt sich im Gras, kommt zurück, Tau und Erde im Haar.[150] – Sorbas hat sich eben nie von seinen Lebensquellen abschneiden lassen. Er hat sich das Kind-Sein und das Aus-der-Reihe-Tanzen nie nehmen lassen. Ganz im Gegenteil. Er hat es freizulegen und zu kultivieren gewusst. Und deshalb kann er auch von sich behaupten: „Je älter ich werde, desto lebhafter werde ich!“[151]

Wie aber macht man/frau das: Sich jetzt, hier und heute *nicht* von den Lebensquellen abschneiden lassen? Eine schwierige und komplexe Frage, die sich aber – im Sinne einer Faustregel – doch recht einfach beantworten lässt: Indem man/frau die Dynamik freier Erlebnisse zulässt und fördert, indem man/frau sich den freien Erlebnissen hingibt, mit ihnen geht und sie kultiviert. Was sind freie Erlebnisse? Das Gegenteil von gekauften Erlebnissen. Es lässt sich nämlich (meist unschwer) ein eher konsumorientierter und kapitalistisch instrumentalisierbarer Erlebnisbegriff (Erlebnisurlaub, Erlebniseinkauf, Erlebnisgastronomie, Erlebnis-

---

[149] Kazantzakis, N.: a. a. O., S. 79; vgl. auch 82.
[150] Kazantzakis, N.: a. a. O., S. 255, vgl. 173.
[151] Kazantzakis, N.: a. a. O., S. 90.

bad, ...) von einem nicht-instrumentalisierten, subjektiv-innerlichen und unwillkürlich-spontanen Erlebnisbegriff unterscheiden.

Wie wir alle wissen, lässt sich (fast) alles kapitalistisch instrumentalisieren und damit zu Geld machen. Wie wir ahnen (aber nicht gern wahrhaben wollen) ist die wohl geilste und gefährlichste Droge – von der wir (fast) alle abhängig sind – das Geld. Denn mit Geld kann man/frau (fast) alles machen, kann man/frau sich (fast) jedes Bedürfnis befriedigen, kann man/frau sich (fast) alles kaufen: eben auch Erlebnisse. Und obwohl der heutige Turbokapitalismus in puncto Instrumentalisierung und Ökonomisierung der Erlebnisse unfassbar erfolgreich ist, gibt es doch Erlebnisse, die sich nicht machen und nicht kaufen lassen. Das sind die freien Erlebnisse. Denn: für was man/frau zahlen muss, das ist nicht frei. Nun gibt es aber (und wird es immer geben) jede Menge freier Erlebnisse, für die man/frau nicht zahlen muss. Erlebnisse, die einem – im positiven wie negativen Sinn – widerfahren; Erlebnisse, die einem vom Leben ‚geschenkt' oder auch ‚aufgenötigt' werden. Und genau an die gilt es sich zu halten. Wie und was diese Erlebnisse genauer sind? Denkt selbst nach! Spürt selbst hin! Erlebt und erfahrt es selbst! Ihr wisst es eh. Jedes Kind weiß es.

Reihen und Titel des Albunea Verlags

Reihe Naturreligion und Mythologie:

- Robert Josef Kozljanič: Antike Heil-Ort-Rituale – Traumorakel, Visionssuche und Naturmantik bei den Griechen und Römern. (2004 erschienen)
- Charles A. Eastman (Ohiyesa): Die Seele des Indianers – Ein Siouxindianer berichtet über Glauben und Sitten seines Volkes. (2009 erschienen)
- Helena Rytkönen: Opferriten und Pfannkuchen – Eine Reise ins Land der Mari an der Wolga. (2010 erschienen)
- Hymnen an antike Gottheiten – Ein Gebetbuch für naturreligiöse Menschen. Zusammengestellt, erläutert u. hg. v. L. Lohenstein. (In Bearbeitung)

Reihe Kulturgeschichte:

- Robert Josef Kozljanič: Der Geist eines Ortes – Kulturgeschichte und Phänomenologie des Genius Loci. 1. Band: Antike – Mittelalter. 2. Band: Neuzeit – Gegenwart. (2004 erschienen)
- Andrea Kölbl: Fiktionen der Liebe – Europäische Volksmärchen und populäre Spielfilme im Vergleich. (2006 erschienen)
- Robert Josef Kozljanič: Gaia – Kulturgeschichte der Mutter Erde. (Geplant)

Reihe Zivilisationskritik und Befreiungsdenken:

- Theodor Lessing / Robert Josef Kozljanič: Untergang der Erde am Geist der Machteliten. Die verfluchte Kultur der Maschine / 100 Jahre radikale Zivilisationskritik und solidarische Lebensdemokratie (2014 erschienen)
- Helene Stöcker: Unsere Umwertung der Werte. (Deutscher Originaltext von 1897 in englischer, spanischer und arabischer Übersetzung; geplant)
- Robert Josef Kozljanič: Pantheismus und Poesie, Vision und Verantwortung. Von der Selbstverwirklichung zur Naturverwirklichung und zurück. (Geplant)

Reihe Lebensphilosophie:

- I. Jahrbuch für Lebensphilosophie (2005). Zur Vielfalt und Aktualität der Lebensphilosophie. Hg. v. R. J. Kozljanič. (Erschienen)
- II. Jahrbuch für Lebensphilosophie (2006). Leib-Denken. Hg. v. R. J. Kozljanič. (Erschienen)

- III. Jahrbuch für Lebensphilosophie (2007). Praxis der Philosophie – Gernot Böhme zum 70. Geburtstag. Hg. v. U. Gahlings, D. Croome u. R. J. Kozljanič. (Erschienen).
- IV. Jahrbuch für Lebensphilosophie (2008/2009). Lebensphilosophische Vordenker des 18. und 19. Jahrhunderts. Hg. v. R. J. Kozljanič. (Erschienen)
- V. Jahrbuch für Lebensphilosophie (2010/2011). Gelebter, erfahrener und erinnerter Raum. Hg. v. J. Hasse u. R. J. Kozljanič. (Erschienen)
- VI. Jahrbuch für Lebensphilosophie (2012/2013). Dramatisch-freiheitliches Philosophieren. Eberhard Simons in memoriam. Hg. v. T. Dahlheim. (Erschienen)
- VII. Jahrbuch für Lebensphilosophie (2014/2015). Lebensdenkerinnen. Liebe zum Denken – Praxis des Lebens – Weisheit der Liebe. Hg. v. H. Bennent-Vahle, U. Gahlings u. R. J. Kozljanič. (Erschienen)
- VIII. Jahrbuch für Lebensphilosophie (2016/2017). Kritik und Therapie wissenschaftlicher Unvernunft. Hg. v. J. Hasse u. R. J. Kozljanič. (In Bearbeitung)
- Philipp Lersch: Erlebnishorizonte – Schriften zur Lebensphilosophie. Herausgegeben und eingeleitet von Thomas Rolf. (2011 erschienen)

Reihe sozialer Humanismus und solidarische Pädagogik:

- Alice Rühle-Gerstel: Individualpsychologische und sozialhumanistische Schriften. (Geplant)
- Minna Specht: Pädagogische und bildungspolitische Aufsätze. (Geplant)
- Robert Josef Kozljanič: Humanismus, Faschismus und demokratische Vernunft. Der Fall Ernesto Grassi und die bildungsphilosophischen Folgen. (Geplant)

ALBVNEA VERLAG MVENCHEN

Seldeneckstr. 18
D-81243 München
www.albunea.de
info@albunea.de